自閉症の僕が家を建てた理由
家族で考えた自立のかたち
池田侑生／池田信子 著
中央法規

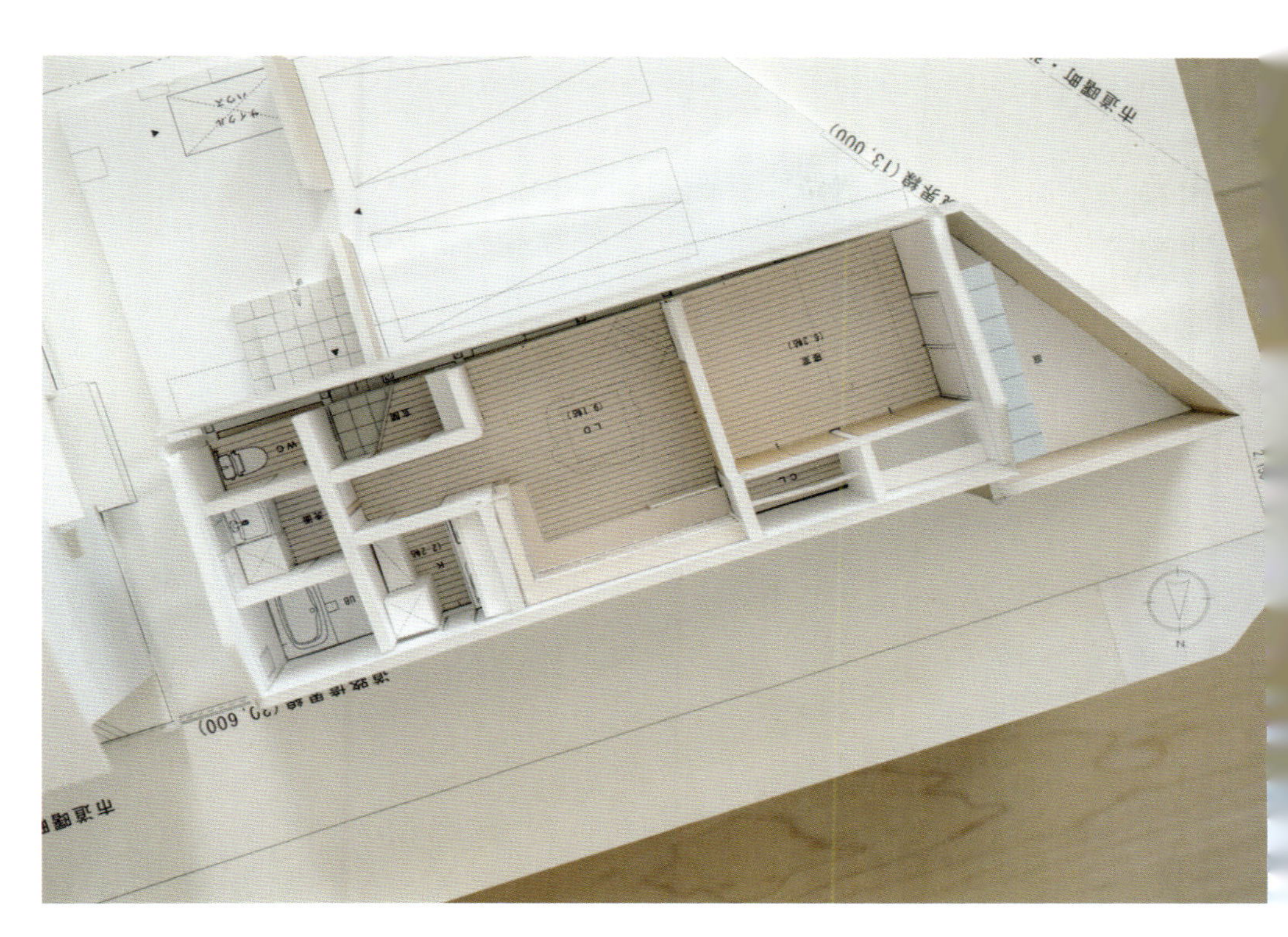

アズールレーン

勇心村町〈フィオークス〉
フォーク達も住んでいる。

Suki

かけがえのない人生だったと思える未来を想像して

日本福祉大学教授／青木聖久

私は精神・発達障害がある人の普及啓発活動をしたくて、２００６年に母校の日本福祉大学に赴任しました。そして、この実現のために立ち上げた授業科目が、『精神障碍者と福祉実践』というスクーリングです。

そして、開講して間もなく、社会人学生として受講していただいたのが、池田信子さん。その数年後には、長男の晃汰君も入学して受講。さらに、晃汰君は２０１９年度から２年間、本学の大学院の修士課程に入学し、私が指導教員になったのです。論文テーマは、「発達障がい児者のきょうだいと社会資源との関係」。また、信子さんには前述のスクーリングにおいて、近年はゲスト講師として、２回登壇してもらっています。

このような交流もあり、私は信子さんや晃汰君から、次男の侑生君のことを伺う機会が何度となくありました。それは、侑生君が京都の「古都アート展」に出展したり、自分の家を建てたり、というように。これらの話をとおして、私なりの侑生君像が出来上がっていましたが、２０２２年10月22日に、実際に出会った侑生君は、想像以上にヒューマニズムに富む人でした。

その日は、晃汰君の結婚披露宴。私はなんと、主賓のスピーチという大役を任されたのです。職業柄、周囲のスピーチに対する期待度の高さが容易にわかります。そのようなことから私自身、緊張感一杯だったのですが、平静を装っていました。

そのような折、信子さんが、晃汰君の高専時代の同級生四人を紹介してくれました。晃汰君が5年間通った高専の看護科には、男性が晃汰君を含めて一学年五人。お聞きすると、その五人は15歳の頃から仲がよく、池田家にも当たり前のように泊まりにも来ていたようです。すると、その四人のうちの一人が、「(信子さんは) 自分たちのお母さんなので」と。信子さんは、「みんなのザ・お母さん」だったのでした。

話を戻します。その四人と私が輪になって話していると、礼服でばっちりと決めた、侑生君が笑顔で走ってきたのです。そこには、四人のお兄さんを慕う、かわいい弟の姿がありました。また、晃汰君の話になると、「お兄さんは、たまに（実家に）帰ってくると、すぐにちょっかいをかけてきます。かまってほしいんだと思います」とジョークを交えて、いたずらっぽく語ったのでした。すると、ほかの四人のお兄さんたちも、「そうだよ、間違いない」と。侑生君には晃汰君を含めて、かけがえのない五人の兄がいることが、なんだかとってもほほ笑ましかったです。

これらのこともあって、私がリラックスしてスピーチを無事に終え、席に戻り、しばらくすると侑生君のお父さんが挨拶に来てくれました。予想どおり、穏やかで、優しさに包まれたお父さんでした。私にとって、池田ファミリーに出会えた心地よい時間となりました。

一方で、晃汰君ですが当初大学院で研究しようと考えていたテーマは「看護師としての災害支援をとおして」というものでした。ですが私は、そのテーマでもいいけど、もっと自身のライフワークになるようなものがあるのでは、と何度となく話をしました。それで、最終的に到達したのが、冒頭の論文テーマです。サブテーマは「自分らしく生きることに着目して」。

読者のみなさんは当初、本書のタイトルを見たとき、自閉症による特性がいかなるものであり、そのことにかかわる家族は、どれほどの苦労があったのか、と想像したかもしれません。

ですが、この本はみなさんの予想をよい意味で裏切ります。本書は自閉症の一般論を述べているわけではありません。そうではなく、侑生君という個人と周囲との互恵的な関係性を描いています。そこには、周囲（池田ファミリーを含めて）と侑生君との間において、何かを提供する・支援を受けるという一方向の関係ではなく、豊かな循環的な相互関係があふれているのです。

実際、晃汰君はこれまで、侑生君をとおして、かけがえのない追体験をしてきました。彼は、社会で悔しいこと、辛いことがあったとしても、侑生君と話をすれば、人としての原点回帰ができると言います。なので、晃汰君は実家に帰ると侑生君と話をしたくてたまらないのです。

つい先日も、晃汰君と話す機会がありました。その際、「侑生がいなければ自分はきっと看護師になっていなかったと思います」と言っていました。それは、侑生君との出来事をはじめ、多くの追体験をとおして、晃汰君は、人が生きる・暮らす・よりよく暮らすことを支援する仕事をライフワークにしたのでしょう。さらには、きょうだいも自らの人生を大切にし、家族と程よい距離感を保ち、誰もが幸せになることを願っています。それらのことを、晃汰君は社会に伝える活動もしているのです。そして、そのような彼だからこそ、2年前に結婚した奥さんは、伴侶として晃汰君を選んだのではないでしょうか。

障害による特性が、人に占める割合はいいとこ1%ぐらいです。残りの99%は、障害の有無にかかわらず、人が誰しも当たり前に有する喜怒哀楽です。されど、私たちは、ほんのちっぽけな特性の有無で、障害がある人の生き方や、彼らが思っている事柄までをも、同じようなものだと捉えがちなります。また、「普通は」という言葉を用いて社会の標準と比べたり、「これまでの場合は」という言葉で、これまでの人生における偶然の経験や培ってきた価値観に基づいて、障害がある人の人生を決めつけたりすることさえあります。

誰もが自らの人生の主人公。人は多くの側面を有しており、家族や地域の人から愛されているのも一つ、一所懸命仕事に取り組んでいるのも一つ、絵画を描いたり旅行に行くという趣味をもっているのも一つであり、そして、自閉症があることも一つの要素にすぎません。

私たちはいつか、人生の最期を迎え、わが人生を振り返ることになるでしょう。そのようなとき、わが人生、多くの苦しかったことがあったかもしれないけれども、周囲の人たちと協力して何らかの事柄をチームで成就できたという達成感、人からの心温まるかかわりを得たときのこらえきれなかった感涙。人は、これらの経験をどれほど多く、いや、どれだけ深く体験できたかこそが、かけがえのない人生だったと思えるのではないでしょうか。

本書には、侑生君と、侑生君にかかわってきた人たちの物語が描かれています。これらをとおして「人間っていいな、人生っていいな、多様性に富む社会って魅力的だな」といったことを感じていただけたとすれば、とてもうれしく思います。本書をとおして、読者のみなさんが自身および他者を愛おしむことにつながれば幸いです。

今後とも、読者のみなさんの今と未来を応援しています。

２０２４年８月

はじめに

いつか、子どものことを文章にしてみようと漠然と考えていました。本格的に具体化してきたのは、長男が一人暮らしをした頃からです。さまざまな方に相談をしながら、時を待ちました。本文のなかにも書きましたが、私のこれまでの歩みは、「障害のある子どもの子育て」という感じではなく、子どもをどんな思いで育ててきたかという当たり前のものだったので、果たしてこれが著書として成り立つのか、と不安でもあり、なかなか前に進めずにおりました。

時が過ぎ、長男が結婚、そして、自閉症の次男が、自分の自立を考え、「家を建てる」という選択をすることを機に、これは、私の子育ての転換期でもあると感じ、記録を一つにまとめようと考えました。そのタイミングで、長男の大学院の指導教官である日本福祉大学の青木聖久先生から出版社の方につないでいただきました。

私には、なりたいものが二つありました。幼稚園の先生と雑誌編集の仕事です。もともと子どもが好きだったこともあり、短大を卒業後、幼稚園教諭として4年働いた後、地元豊橋のタウン誌の編集部に3年勤め、しばらくフリーライターをした後、27歳で結婚しました。長男、次男を年子で出産、30歳で私の実家の父名義の土地に家を建て、順調な子育てをしていくつもりが、次男の育ちに、疑問がいくつも付きはじめ、何か（普通の育ちとは）違うのではないかと思ったのは、次男が生まれた半年頃からです。

２００４年に発達障害者支援法が施行される13年も前のことです。その頃は発達障害という概念を知る人がほとんどいないなかで、多動で不思議な行動をする次男と年子の長男を、手探りで必死になって育ててきました。どれだけ愛情を注いでも、私が今まで見てきた子どもと違う行動をする次男へのかかわりに途方に暮れ、診断に至るまでの葛藤、診断を受けてからの葛藤、そして、ライフステージの節目節目にある葛藤。何十倍も濃密な子育てをしてきました。

その息子が、自立のために家を建てる選択をしました。話し合いを積み重ね、最終的には、自宅の敷地内に、次男が貯めたお金で家を建てるに至りました。次男は、幼い頃から、超がいくつも付くほどの多動でしたが、学童期からは多動は落ち着き、自閉症の特性そのまま、素直で真面目な青年に育ちました。

自閉症の人は、人の気持ちがわからないといわれますが、次男は人を思いやることのできる素敵な青年に育っています。特別支援学校を卒業し、10年働き、転職し、現在は、認定こども園の用務員として働いています。毎日、同じ時間に家を出て、8時間働き、帰ってきて自宅で過ごし、休日は、溜まった洗濯をし、絵やイラストを描いたり、温泉に入りに小旅行をしたりと、自分で考えた時間の過ごし方をしています。

ここに至るまでの日々は、本編でたくさん紹介をさせていただいていますが、自分が自閉症であることを理解し、その自閉症である自分の人生を思うように生きる次男を、心から誇りに思っています。

思えば、33年前は、自閉症の支援が行き届いておらず、親として、子どもを幸せにしたい一心で、まず、私が自閉症について、しっかり理解したいと思い、子どもへのかかわりを家庭教育勉強会で毎月学びました。そして、得意な音楽を使って音楽療法で子どもにアプローチできないかと、音楽療法士の資格を取りました。その過程で、同じタイプの子どもとその親が、たくさん悩んでいることを知り、発達障害の子どもと家族を支援する会「ほがらか」を立ち上げたりしました。さらに、私自身の専門性を高めたいと、大学、大学院で、子どもの育ちや発達障害の勉強、研究をし、現在は、自分の経験やキャリアを次世代の支援者に伝えるべく、学生たちに教える立場の仕事や、子どもの育成事業や発達支援をする会社を経営していますが、子育てのなかでしてきたことは「自閉症の子が、自閉症のまま、自閉症らしく、自分の人生を歩み続けること」を支えてきたことです。それは、親が親として育つことでもありました。

障害をもつ人たちが、社会の中で当たり前に、自分の人生を歩めるように、その育ちをどう支えるか、このテーマについて、「自立」という言葉をキーワードに、みんなで考える際の手がかりに、この本がなれば幸いです。

池田信子

自閉症の僕が家を建てた理由

家族で考えた自立のかたち

Contents

第3章 進路・選択 僕が歩んだ人生

第1章 僕が家を建てた理由

侑生

僕は高校卒業後、会社に就職して一生懸命働きました。

僕の兄は、看護師になった後、マンションに住み始め、一人暮らしをして自立したので、僕も10年働いたら、自立するためにマンションを借りて「一人暮らしをしよう」と思いました。


僕は、高校を卒業するときに決心していました。

「僕も、兄のように、働いたら自立します」「20歳になったら、僕の働くところの近くにアパートを借りて、自立します」と、母にも宣言しました。

「自立する＝一人暮らし」ということでしたが、「どこで、どんなふうに暮らす？」「ゆうくんにとって、自立って、どんなこと？」と、母からたくさん質問が来ました。

兄と同じ意味での「自立する＝一人暮らし」とは異なる、僕の「自立」を一生懸命考えました。


そして、10年も待たず、25歳の頃に、僕はさらに大きな決心をしました。

「家を建てるぞ！」「僕の家を！」

僕は親孝行をするため、身近な場所で家を建てることにしました。

その後、建設業者の方々と話し合いをし、家を建てるために、住宅展示場まわりをすることになりました。

でもそこで感じたのは、

「自分らしさがない」

ほかの家とは少しでも違う、個性的な家。自分らしさのある家。僕はそういう家を建てたい。

僕の自分らしさ、それは「絵を描くこと」や「作品を作ること」。

それを意識して、母と設計士さんと一緒に計画を立てることにしたのです。マンガや本を置く本棚があって、絵などを描ける場所があって、本が読める場所が空いた、広い本棚が付いたテーブルを設計してもらいました。

こうして、現在の僕の個性に染まった家ができました。

自閉症の侑生は、これまでにいくつもの自立の課題を克服してきました。彼にとっての自立とは、「生き続けていくこと」です。社会人になって14年半、自分の稼いだお金で生活し、余暇を十分楽しみながら、毎月貯蓄をしてきました。

「自分の力」と「周りの人の理解」、そして「社会資源」を利用し、自分の思いとの折り合いをつけながら「生き続けていく」ために、侑生は自分の家を建てようと25歳のときに決めて、少しずつ計画を進めてきました。そして、30歳のときに家が完成。

今は一人暮らしをしながら、次の節目に向かって歩んでいます。生活空間・居住空間を自分らしく確立することは、自立の大きな節目でした。

家を建てよう!

高校卒業の少し前、就職先からの内定もいただいて、これからの人生をどのようにしたいかを彼なりに考えていたのだと思います。唐突に、「20歳になったら、僕の働くところの近くにアパートを借りて、自立します」と話をしてきました。

発達障害のある息子にとって、就職が自立の一つの節目になるとは思っていましたが、

「一人暮らしを考えているのだなあ」と思い、話の続きを聞きました。

「ゆうくんは、働いて自立をしていきたいんだね?」

「うん」

「一人暮らしが、ゆうくんにとっての自立かな?」

「うん」


息子には、言葉による表現が不得手という特性があることから、常に、できる限り本人の意を汲めるようにじっくり話を聞いてから答えるように気をつけています。それは、息子には「親が思う障害のある子どもの生活」ではなく、「自分の描く人生」を送っていってもらいたいからです。親として、本人の思う生き方を応援していきたいと考えています。

侑生の生き方のお手本は、年子の兄・晃汰です。晃汰は、学業を終えて、看護師として就職するときに、勤務地が県外なこともあり、一人暮らしを始めていました。

その兄の後ろ姿を見ながら、

「自分のこれからの人生をどのようにしていきたいかを自分で考えた」

とのことでした。

そして、親との同居ではない暮らし方を希望し、

「それが僕の自立の道だよ」

と力強く宣言しました。

心配な気持ちはありましたが、親として後押しをしようと決意しました。これから生きていく先の節目の課題として、「本人が自立を考えているのだな」と思うと、感慨深いものがありました。

そして、「私も親としての覚悟をしなければ」と、身の引き締まる思いになったことを記憶しています。

それからしばらくの間は、就職して新しいことに慣れるまでに大変な苦労があり、その話題が本人から挙がってくることはなく時が過ぎました。

就職してからの侑生の苦労の詳細は第2章でお話ししますが、障害のある人が社会で働

くうえでは、「社会制度」と「周囲の人の本人への理解」という、社会の環境が大きく影響することを実感しています。

家を建てるしかないね

就職して7年目。仕事にも慣れてきたのか、ある日唐突に、「僕の自立の一人暮らしを考えていることだけど……」と侑生が言いました。

「うんうん、そうだったね。そう言っていたよね」と言うと、「わかっていたらいいよ」と、そのときは、そのような返答でした。

それから侑生は、頻繁にその話題を出すようになりました。彼のなかで、「家を建てること」が人生の構成の一つを占めているのだろうと理解しました。私は、「本人なりに考えながら、生きているのだな」と、改めて思い、真剣に息子の思いと向き合うことにしました。息子が25歳のときです。

この頃、長男・晃汰は、看護師として自分の目指す専門性が決まり、その道を究めていくために、より専門性の高い病院へ移っていました。侑生は、長男が親に話をしていることを耳にしながら、自分のこれから先の人生について考えていたのだと思います。「兄さんは、頑張っているんだね」としきりに言っていました。

そして、私は、侑生が実家を出て暮らすには、どんな方法があるのかを一緒に考え、さまざまなプランを提案しました。グループホームは本人が望まなかったので、早々に候補から除外しましたが、アパートでの一人暮らしはできるだろうと、市内の情報を取り寄せ、一緒に見てまわり、交通の便や環境も一緒に確認しました。

しかし、本人の体調が悪いときの対処や近所付き合いなどを自力ですべてできるのか……。食事をどのようにするのか、給与のなかで生活費がやりくりできるのかなど、さまざまなことを何度も何度も息子と話し合い、実際にアパートを見てまわった体験も含め、本人の意思を最大限尊重してきました。

そしてあるとき、「家を建てるしかないね」と息子が言いました。

その力強い宣言に、「ああ、そうか。侑生は、自分の自立をそのように考えていたんだな」と、感じました。私は、その思いをどうやったら実現できるのか、可能性を一生懸命探りました。

貯金は、毎月7万円＋ボーナス毎年30万円が7年分近く貯まっています。このまま維持していけば、家を建てられないこともないかなと思いました。

「どこに建てようか」と、金銭的なことを具体的に数字で示して、息子自身も通帳の数字を見ながら、最終的には「自宅前の駐車スペースに新しく侑生の家を建てよう」ということに決めました。その歩みがきっと、成長を促してくれると信じて、後押しすることにしました。

10年働いたら自立する！

侑生は、高校を卒業する18歳の頃に「僕は10年働いたら自立する」と言いました。

「自立するのは10年目」という目標を立てたようです。侑生のいう「自立」とは、「（この発言時点では）親元を離れること」を意味していました。

家を建てるには、最低でも1０００万円ほどは必要です。その資金をどうやって捻出するかという問題はありましたが、まずは、「自立とは何か」ということを一緒に考え、一つひとつをクリアしていくことにしました。

大事なのは、「生活する」ということです。そのため、生活に必要な社会資源があるか、その社会資源が使えるかの確認が必要です。病院は近くにあるか？　買い物は可能か？　職場への移動に不便はないか？　交通の便は？　食事は？　……考えなくてはならないことは山ほどあります。

病院に関しては、中学生の頃から、「どんな状態になったら行くのか？」「何科に行くのか？」「病院に行ったら、どんな手続きがあるのか？」などを一緒にやって見せてきて、高校生の頃には、ほぼ一人でできるようになり、よほど動けない状態でなければ、自分一人で通院できるようになっていました。

買い物は、幸い、近くにスーパーマーケットが二つあり、ドラッグストアもあり、コンビニも歩いてすぐにあるという立地的には恵まれている、生活するに困らない地区ではあったので、それは大丈夫でした。

職場へは、電車とバスで通うことになります。自宅から最寄り駅までは、徒歩で10分ほどなので「自転車か徒歩で大丈夫だね」と確認しました。そのため、運転免許については、（悩みましたが）少なくともこの段階では、取得しないことに決めました。

それよりも悩んだのは、日々の食事をどうするかです。簡単な食事は作れるかもしれませんが、仕事をして炊事をしてという生活は、彼には難しいかなと思いました。

「家を建てて一人暮らしをする」と決めたときに、「じゃあ、お弁当はどう？」と侑生が言うので、「それはいいね」と、夜の食事は宅配弁当を頼もうということになりました。宅配弁当のパンフレットを見比べて、2社のうち、本人にとって説明を理解しやすかったほうを選びました。昼は、勤務先の社員食堂で食べることができたため、「大丈夫だね」となり、日々の食事のことはクリアしました。外食も一人でできるし、外食できる食事処のレパートリーも増やしてきたので、そこもクリア。でも、友だちがいるわけでもないので、誰かと一緒に食事をするという機会がなくなってしまうことを心配し、「週に1回は家族で食べる」ことに決めました。そのほかの細かいことは、生活しながら考えようということになりました。

それから、一番大事なのは金銭管理です。お金については、高校を卒業して社会人になるときに、毎月7万円を貯金し、残りを定期代、自分のお小遣い、食費など、それぞれのジッパー袋を用意して、そこに入れて自分で管理できていたので、まったく心配していませんでした。

必要以上に使ってしまうようなことなく、自分の収入で生活できることは、一生を通じて要になる問題です。幼い頃に「自律性」を育てることは、金銭管理の自律につながります。子どもに対して、「あれしなさい」「これしなさい」と指示命令ばかりしていたり、何でも先回りしてやってあげるのは、他に律せられる他律になり、自分で律する力になりません。自己コントロールできるかが何よりも大事だと思い育ててきました。

「自立する」を考える

兄と同じ「自立」ではない、侑生の自立とは何でしょうか。侑生は、生きる見本である兄の進む道が、自分の行く道だと信じていました。

どうやら、自分が兄とは違うことを、中学生になった頃から、少しずつ理解してきたようにも思います。しかし、やはり長男の後ろ姿は、彼の見本になっていると感じています。

こんなエピソードがあります。

長男は見識を深める意欲が旺盛で、高校生のときに、沖縄での平和学習体験（戦没者慰霊供養やガマの見学、ひめゆり学徒隊の話を聞く、平和の礎を見学するなど、沖縄の歴史を学び、平和の大切さを学ぶ学習会）に参加したことがあります。侑生は高校生になれば自分も同じように参加できるものだと思っていたようで、案の定、高校1年生のときに「行きたい」と言いました。

成育歴を含めてお伝えしたうえで申し込みをしましたが、主催者から「参加は難しい」との回答をいただきました。3泊4日、親なし、知っている人なし、の団体行動です。主催者として、療育手帳をもつ子どもに参加の許可を出すことに躊躇する気持ちはよくわかります。しかし親として、ここでめげてはならないと、侑生のできることと注意を要するところをわかるようにして、主催者にプレゼンをしました。

私は、こんなときが親の出番だと思っています。「子どもが行きたいから行かせてくれ」という無理難題を単に相手にぶつけるのではなく、侑生が何をできればよいか、また、どのような配慮が必要で、どのような配慮が必要でないかをすり合わせていく……歩み寄る姿勢が大事なのだと思います。そのためには、本人のことをよく理解していることが大前提です。

そして、本人の性格や特性をよく理解をしてもらったうえで、障害のある子を初めてその平和学習体験に受け入れてもらうことができました。これは、もちろん侑生にとって貴重な体験を積めることなのですが、ほかの参加者にとっても世の中にはさまざまな人がいることを知ることができる機会になったと思います。「障害があると聞いていたけど、ほかの子と全然変わらず行動でき、追悼記念の式典でも、一生懸命、若くして亡くなった方へ祈りを捧げていたよ」「人一倍優しく、強く、楽しく参加していました。（障害のある子に対する）見方が変わりました」と、参加したグループの方が言ってくれたときには、侑生が社会の中で役に立っているのだと思いました。

長男が高専時代に参加したフィリピンでの平和学習体験は、さすがにスケジュールや内容を見て、自分には難しいと判断したようでしたが、モデルになってくれる長男が家を離れて一人暮らしをすることになった後は、引っ越しの手伝いや遊びに行くときに頭のなかで、自分の自立をシミュレーションしていたようです。

この平和学習体験の一連のエピソードが、将来的に、侑生の「アパート探し」や「家を建てよう！」という決心、「自立」につながっていくことは、今思い返しても、感慨深いものがあります。一つひとつの経験が自信につながり、一人暮らしをしても大丈夫、そしてそれこそが自分の成長だと捉えているのだと見て取れました。

アパート探し開始、そしてアパート暮らし断念

自立のはじめの一歩として「家を建てる」ことを最初から決めていたわけではありません。

本人が高校を卒業する頃、「自分の成長のために、自立をしたい」と言いましたが、障害のある人たちの歩むノーマルな道として「グループホーム」も検討しました。

ひと口にグループホームといっても、さまざまな形態のものがあるので、一緒にパンフレットを集めたり、検索してホームページを見たりしましたが、本人は「そこにいる自分」をイメージできなかったようです。

では、「アパートはどうか？」となり、不動産屋をたくさん見てまわりました。高校卒業時に「20歳になったら、僕の働くところの近くにアパートを借りて、自立します」と言っていたので、そのときの本人としては、アパートは選択肢として「あり」だったのだと思います。しかし、運転免許取得を見送ったために、交通の面のほか、金銭面や生活住環境の面から、さまざまなところを見たのですが適当な場所がありません。さらにその過程で本人に思うところがあったのか、「自分の自立（の場所）は、アパートではないような気がする」と言って、アパート暮らしを断念することになりました。

自分の体験や感覚をとおして得たものを、自分の人生に落とし込んでいく作業は、とても重みがあり、それに付き合う私にとっては、彼の心の内を理解する旅のような時間でもありました。

住宅展示場には「自分らしさ」がない

紆余曲折がありましたが、「家を建てよう」と決めたとき、一番初めに、設計士の尾崎さん（尾崎義孝さん）が私の頭に浮かびました。尾崎さんは、私が地域で「発達障害の子ど

住宅展示場をまわり始めた頃

もと家族を支援する会『ほがらか』」を立ち上げて間もない頃から、ボランティアとして子どもたちにサッカーを教えに来てくださっていた方です。

「家を建てるということを相談しよう」、できることなら「一緒に侑生の自立を応援してもらいたい」「設計は尾崎さんにお願いしよう」と心のなかで考えていましたが、一方で、一般的な家を建てる場合のコースも体験してみようと、住宅展示場めぐりをすることにしました。侑生にとっても、いろいろなことを考える材料になるのではないかと考えたのです。

ところが、住宅展示場内で何軒かの物件を見てまわって説明を受けたところ、こちらのペースではない説明に、私は3棟目の見学でギブアップしてしまいました。家を建てるのは侑生で、住むのも侑生。だから、彼が主体のはずなのに、息子に話しかけてくれるわけではなく、自分なりにわからないことを一生懸命質問している言葉足らずの息子の様子に、首を傾げたり、不思議がったり、馬鹿にした物言いになったり、しまいには、母親の私にだけしか話しかけなくなっていくという状態の繰り返しに、疲れ果ててしまいました。

建築主が息子であること、自閉症のため、ゆっくりと平易な言葉で話していただきたいことは伝えましたが、日常で使わない言葉を私がかみ砕いて伝えている場面を不思議そうに見ている業者もいました。自分の住まいのことなのに、自分に話しかけてもらえない、質問しても難しい説明で返されてしまう……。侑生の戸惑う様子を見て「これでいいのか？」と考えて、やはり、本人が主体的に参画できる家づくりをしようと、「一緒につくり上げていくことができる人がいい」と思い、尾崎さんに設計を依頼することにしました。

家を建てるぞ！

２０１６年10月29日、設計士の尾崎さんとの初めての話し合いの日が来ました。私は、「母親としてどのような立ち位置で見守っていくか」というところが課題でしたが、それでも、どんな家が建つのか、楽しみに見守っていました。

11月、２回目の打ち合わせで、自宅の侑生の部屋を見に来られた際も、尾崎さんは、「ゆっくり進めていきましょうね」と、息子の人生を、急かすことなく応援してくれました。

普段の生活のなかで、侑生がどのように物や時間を使っているか、そして、自分の建てる家にどんなイメージをもっているのかを丁寧に丁寧に聞き取り、かかわってくださいました。

近くに「買い物ができる店がある」「移動手段（交通手段）がある」「医療機関（内科・歯科）がある」「相談できる機関がある」。このような、今後の生活に必要になることを考えてくださり、尾崎さんや事務所の設計士さんに自分の暮らしや趣味の話を一生懸命する息子を見ながら、「人生をしっかり歩んでいる姿」を感じ、感動したのを覚えています。尾崎さんは、1年半ほどかけて、じっくり、ゆっくり、家づくりを進めていきたいとおっしゃっ

設計事務所での打ち合わせの様子1（左が尾崎さん）

ていました。

翌年の5月、模型を見ながら、実際に出来上がりをイメージしていくことと、家が建つまでの流れ（建築計画と金額）を把握する打ち合わせが行われました。

設計士の尾崎さんは、息子が理解できるペースで丁寧に話を進めてくれて、平易な言葉で時間をかけて話をし、また余分なところは端折って説明してくれました。

工務店やハウスメーカーに頼めば、設計費も込みの料金になるかもしれませんが、設計士に頼んだので、その分、100万円以上は設計費として見込んでおかなければなりません。しかし、お金よりも、自閉症の息子の歩みにあわせて家づくりを進めていってくれることには、親として最大の賞賛と感謝をしています。自閉症の息子のことを、十分に理解してくれている、この安心して任せられるという感覚は、本当にありがたいことです。尾崎さんは「建てる主体は誰なのか」ということをしっかり認識してかかわってくださいました。

就職は人生の一過程ですが、その後の暮らしを考えたときに、家は大きな買い物です。侑生は障害者雇用の正社員ではありましたが、給与は同じ年齢の人の半分ほど……。「社

設計事務所での打ち合わせの様子2

会性がない」「もっとコミュニケーション能力を磨け」という上司の注意や嫌味にもへこたれず（そもそも、だからこそ、「自閉症」なんですが）、それでも毎日真面目に働く姿に、親の私のほうが多くを学ばせてもらっていました。

「人生の主役は息子なのだ」と肝に銘じ、特に、就職してからは、一歩も二歩も下がって見守ってきました。でも、本当にこれでよいのか、親の願いが強くなってしまってはいないか、人生の主人公は自分だと、本人は自覚して歩んでいるのだろうかという葛藤がありました。

池田様邸　住宅完成までの流れ

順番	工　程	内　容	契約・申請等	目安の時期
1	基本設計	池田様と当事務所との間で打合せを繰り返し、間取りや内装・外装で使用する材料などを決めます。	**●設計監理契約** 池田様と当事務所の間で結ぶ、設計と監理に関する契約。	H28.10月～
2	実施設計	基本設計をもとに、工事ができるレベルの詳細な図面を作成します。		H29秋頃～
3	見積依頼	実施設計図面をもとに、施工業者に見積りを依頼します。 （１～２社に依頼することが多い）		
4	金額調整	施工者から提出された見積書を元に、予算に合った金額となるよう設計内容を調整します。		
5	施工者決定	工事をお願いする施工者を決めます。	**●工事請負契約** お施主様と施工者との間で結ぶ、工事の請負に関する契約。	
6	地鎮祭	慣例として行われる神事。その土地の神を鎮め土地を利用させてもらうことの許しを得る儀式です。	**●確認申請** 基準に合った建物かどうかを確認する、公的な手続きです。	H30冬頃～
7	着　工	住宅建設を開始します。		
8	(建設中)		**●中間検査、完了検査** 建築中に検査機関などによる検査が2回あります。	
9	完　成	当事務所による最終検査終了後、建物の引き渡しとなります。		H30春頃

設計期間　工事期間

オザキアーキテクツ　2017/4/3

尾崎さんから示された住宅完成までの流れ

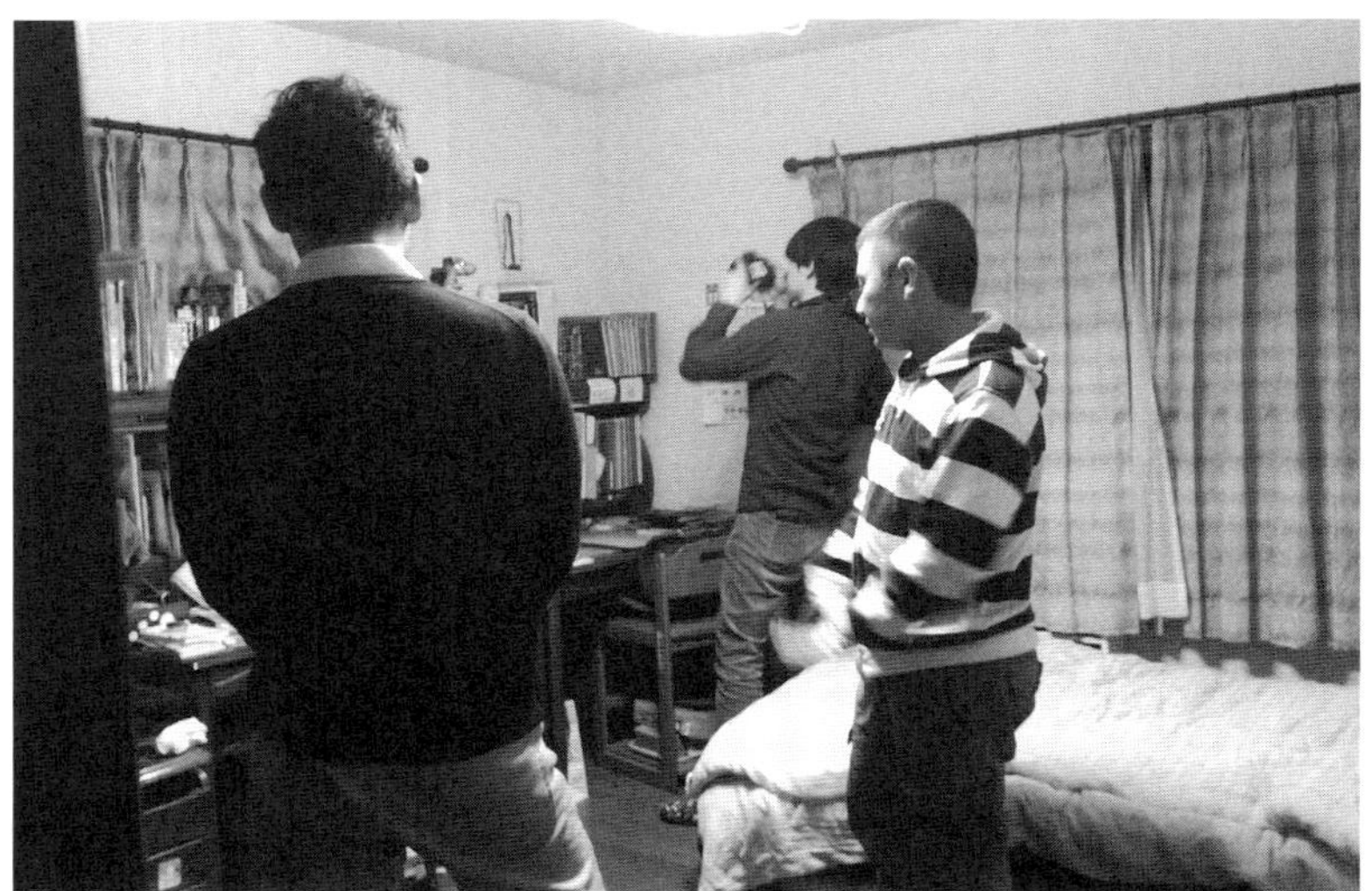

2016年11月に尾崎さんが自宅を訪れたときの様子

尾崎さんは、侑生がどんな生活をしているのかを見て、どんな生活をしていくのか、いけるのかを一緒に考えてくれました。

Column

侑生さんとの家づくり

設計士／尾崎義孝

私はボランティアで子どもたちにサッカーを教えている関係で、以前から侑生さんのお母さんの信子さんと親交がありました。そのなかで、信子さんから、侑生さんが「近い将来、家を建てるかもしれない」という話を伺っていました。侑生さんとは直接会話をしたことはなく、お見かけしたときに挨拶をするくらいの間柄でしたが、20代半ばということは知っていたので、家を建てるという話を伺ったときは「本当に？」と思っていました。

ですが、具体的に家を建てる計画が進むなかで、もし自分が設計を依頼されることになったら、喜んで引き受けるつもりでいました。

どんな建物の設計にも共通することですが、設計はまず建主の考えや価値観を理解しようとするところから始まります。

そのため、侑生さんとの最初の打ち合わせでは、侑生さんが「家」や「住まい」というものに、どのようなイメージを抱いているのかを知るために、侑生さんが思い描いている

「家」のイメージを絵に描いてもらえるようにお願いしました。

するると、絵を描くことが得意な侑生さんは、その場でスラスラと家の絵を描いてくれました。その絵を見て、侑生さんが思い描いている「住まい」と私がイメージする「住まい」に、さしたる違いはないと感じ、いつもどおり、使い勝手がよく、居心地のよい場所をつくることを心がけていけば、きっと侑生さんに気に入っていただけるだろうと理解しました。

打ち合わせは、侑生さんの真面目で穏やかな人柄も相まって、いつもとても和やかで楽しい時間でした。意思疎通を図るため、わかりやすい資料を作ること、正しい日本語で話すこと（正しい文法を用い、安直な比喩をしないこと）を心がけ、侑生さんに主体的に判断してもらい、決定することができるように意識し、設計を進め、取りまとめました。

多くの人にとって、家づくりは一生に一度のものです。設計後も、侑生さんとともに施工者選びから工事請負契約、地鎮祭、上棟式、工事完成、引渡しまでの住宅建設の一連のプロセスを経験することができ、私はとてもうれしく思っています。そして、ご自身の「家」ができたことが、侑生さんの日々の生活や仕事の充実につながることを願っています。

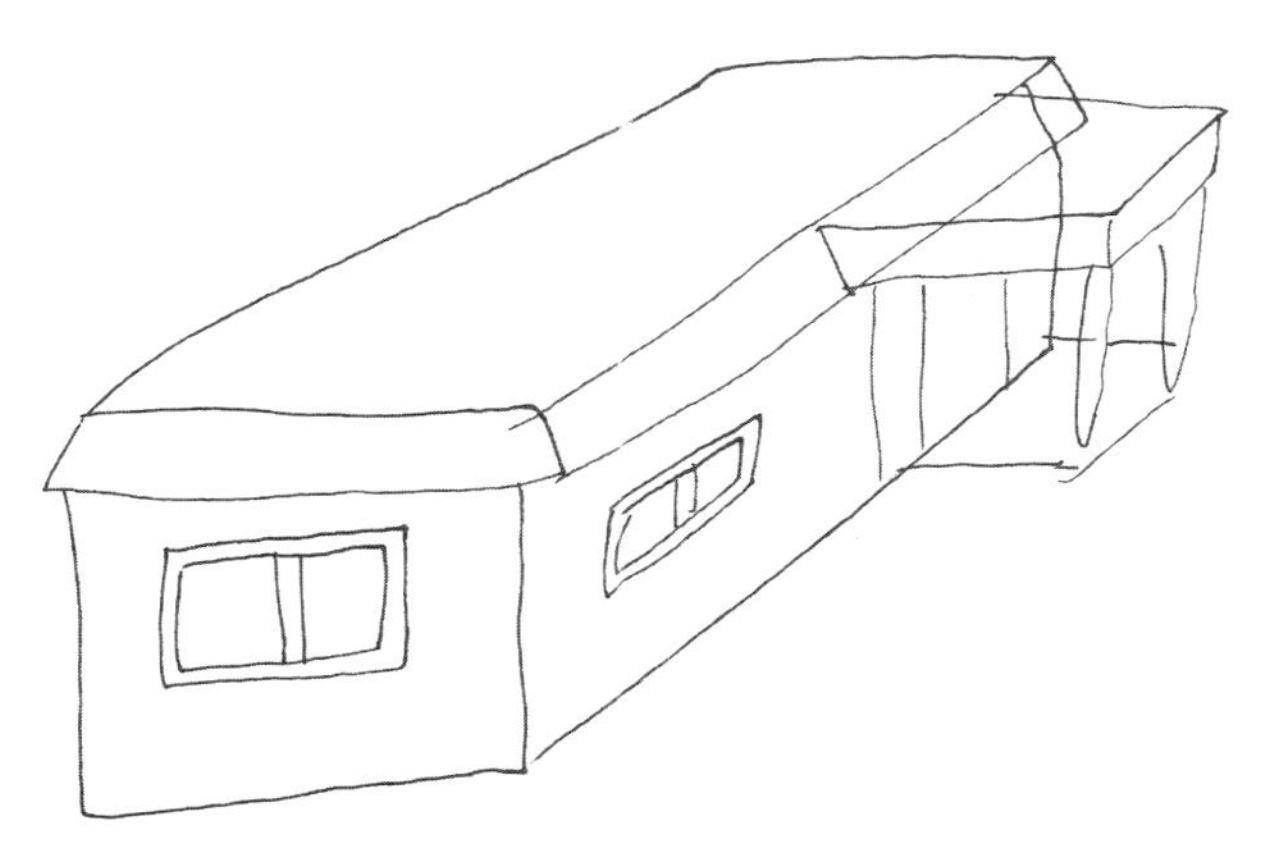

最初の打ち合わせで侑生さんが描いてくれた絵

第2章　働くことと自立

働くことは人として生きること。
寝ることは人として生きること。
食べることは人として生きること。

働ける力をもつことは、没頭できる自分の趣味ができるということです。自分の趣味を行うには、お金が必要になることもあり、そのためには働かなければなりません。お金がなければ自分の趣味に没頭できないこともあります。

お金を貰ったら、そのお金を管理しなければなりません。自分の思うままにお金を使い続ければ、せっかくのお金が無くなってしまい、自分の生活ができなくなってしまいます。だから、貰ったお金を、計画を立てて、考えてから使うための管理が必要です。

働くことも、お金を管理することも、人として最も大切なことですが、僕はその二つを行いながら、誰かの役に立てるように、貢献できるように、自分が社会の中で存在する意味をいつも考えています。

もちろん、趣味である絵を描きながら自己有用感を高めています。僕は、誰かに喜んでもらえることで楽しんで生きています。

働くことは人として大切なことですが、休日を大切にすることも、人として大切です。それは、余暇の充実が生きる力となるからです。

僕には、生まれつき「自閉症」という発達障害がありました。でも、悪いことではありません。むしろ、ほかの人とは異なり、想像力がはるかに優れているかもしれないと思っています。

自分の独自のキャラクターを創作することができ、行き詰まっても別世界のような場所に行き、そこで新しい想像を浮かびあがらせ、また新たな独自のキャラクターを生み出すことができます。

僕は、自閉症であることを楽しみながら、独自のキャラクター創作と一人でのお出かけをしています。

働きたいという意欲を育てること

2009年、高校3年生の侑生は、6月に2週間の職場実習を終えました。この厳しい年（前年の世界同時不況の影響下の年）に社会に出ることに、心が痛みましたが、社会の一員になることを心待ちにしている息子を誇りに思い、精一杯の応援（見守りと健康に毎日過ごせるように注意すること）をしたいと思っていました。

仕事のスキル取得も大事なことではありますが、「働きたい」という「生きる」意欲を育てること。これは一番の肝です。

当時、親として就労に向けて具体的に動いたことは、次のとおりです。

①就労形態（障害者雇用での就労）を本人と話し合って決定する（高校1年生時）
＊働くのは本人なので、当事者である本人がしっかりと自分の将来に向き合うことを応援する

②居住地、および近隣地域の障害者雇用について調査し、学校へ報告する（現在のように情報網が発達している状況ではなかったので）

③自主的に会社訪問をする（中学生の頃より）
④講演会やセミナー等へ参加する
⑤青年会議所や企業からの講演会の依頼があれば、積極的に引き受ける（個人的につながれることがあればよいなぁとの思いもあり……）

親として私にできることは、本人の人生の添え木にはなっても、本人の意志や考え方には手を加えないことだと思っていました。そう思って、多くの正確な情報を自分の手元に置くことと、冷静な気持ちで見守っていくことと、何があっても応援し続けるという覚悟を再確認しました。息子が17歳のときです。

高校生までは、学校という砦に守られていますが、卒業後、社会に出れば、ほかの人と同じ納税者の一人として生きていくので、社会から求められるものは、障害の有無に関係なく容赦なく突きつけられます。侑生は毎日元気に「行ってきます」と出かけ、真面目に働いてきましたが、最初の職場では、心ない言葉で傷つくことが多くありました。

入社時の上長さんは、侑生のことをよく理解しようと努めてくださいましたが、5年ほどして異動され、上長が代わりました。その方は若い方だったので、部署内をまとめるのは大変だったのでしょう。苦労のはけ口としてか、どうやら侑生に次のような言葉をぶつけていたようです。

「何度も同じことを聞くな」「(池田が) いらいらさせるんだ」「うるさい」「はあ〜?」「だめだなあ」「ばかだな」「ちぇっ (舌打ち)」「(池田に) 言われたくない」「何言っとるかわからん」「仕事がなかなか覚えれん」「人の気持ちがわからないのか」「そんなのわからないのか」

2年半ほどは耐えていたのですが、ある日、侑生から、

「今日、○さんに、暴言食らいました。僕は、その言い方じゃあ自殺してしまうかもしれないと言い返しましたが、自殺する人が悪いという酷いことを言われました。○さんは、人の命なんてどうでもよかったのです」

というLINEが届き、これは、侑生だけで解決できる問題ではないと思い、何度も会社

の人事課の方に話をしに行きました。障害をもっているとしても、社会人である息子にどこまで介入するか、とても悩みましたが、命がかかっていると覚悟して出かけることが多くなり、これは、話し合うとか、お願いするとかの段階ではないのだと、悲しい思いや憤りが募っていきました。会社の幹部の方にはわかってくれる人もいなかったわけではありません。話を聞いてくれて、現場の人に注意をしてくれたり、事務の方も体調が悪いときには、心配して連絡をしてくれたり、とてもよくしてくれました。しかし、現場で毎日一緒に働く人には届かないことが多く、この状況を変えるためには退職するという選択しかなかったことは、本当に残念でした。

発達障害者への支援が、法律として施行されてもなお、生きづらさを抱えている本人に対しての、あるべき支援が行き届いていない現実を感じて切なくなることもありました。社会に出た後に、障害のある子どものことで、親がどこまで介入できるのか、介入してよいのか、悩んできました。社会においては、発達障害者に対する理解はまだまだ行き届いていないのが現実なのだと痛感しました。

現在、侑生は認定こども園で用務員として働いています。園のみなさんは、息子のこと

を理解しようと努力してくださっています。できるところを認め、尊重してくださってい
ます。転職してよかったと思います。侑生が生き返った気がします。
障害者だって、堂々と「キャリアアップのための転職はあり」だと思います。

働くことは生きること

「お母さん、生きていくことは、働き続けることだね」
あるとき、侑生が言いました。
「どうしてそう思ったの？」と聞くと、「お母さんを見ていて、そう思ったんだ」と言い
ました。
私は、「働くとは……」などという難しいことを侑生と話したことはありません。でき
るだけ、本人が主体的に考えて生きていけるように、人はどうして生きていくのかといっ
たことや、働く意味、人の役に立てることの尊さについて、障害のあるなしにかかわら
ず、平易な言葉で伝えてきたつもりです。

「お母さんを見ていて、そう思ったんだ」という言葉の、その奥の思いを言葉にして表現することは、彼にとっては難しいことですが、働くことを苦ではないと思うような後ろ姿を見せられていることには安堵します。これからも、生きていく後ろ姿を見せていきたいと思っています。

私が心がけていることは、楽しく働くことです。家の中のことをするときも、愚痴はなるべく言わず、よかったことだけを口にするように心がけています。たとえ障害があっても、納税者として、社会を担う者としての責任はほかの人と同じです。だから、働くことに誇りをもってほしい。社会で働くということは、自分の未来を自分でつくっていくこと。つまり、「生き続けること」。侑生はそのように理解して、毎日働いているのだと感じます。

それから、こんなことも言います。

「食べることは、生きることだね」と。息を吸って吐く、というような当たり前のことの延長線上に、当たり前に「働く」ということがあります。その理解でよいのだと思っています。「生き続ける営み」と「働くこと」は、同じ線上にあるのだと理解しているのだと感じます。変わらない日常を過ごすこと、単純な毎日のなかに、生きることが存在しているのだと思います。

働く力は「没頭できる趣味」の上に成り立つ

「生きることは、働くこと」。働く基盤となるものは何か、それは意欲です。意欲は、「快」の感情の上に成り立ちます。ですから、一生懸命働ける子にするためには、幼い頃から、心地よい言葉をたくさん投げかけていくことが必要だと思います。

「それ、いいよ」「そう思ったんだね」「OK、大丈夫」「見ているよ、やってみよう」「応援しているよ」と。そして、子どもが関心をもったことは後押しする、そんなふうに応援されてきた子どもには、チャレンジする力、めげない力が育ちます。そして、将来、やってみたいこと＝趣味が必ずできると多くのお子さんを見ていて感じます。

発達障害のある子にかかわる仕事をしていると、保護者からさまざまな相談を受けます。保護者のみなさんは、子どもたちに「自分の好きなことができるように」とか、「自分の趣味をもってもらいたい」と言いますが、大きくなってから急に好きなことを見つけることはできません。小さな頃から、本人が好きだと思えることを無条件で認めていくと、それは長く続き、趣味となり、生きる支えとなります。

侑生の趣味に、「絵を描くこと」です。絵を描くことが好きな子どもはたくさんいると思います。自分の子どもが絵を描くことが好きだと、習いごととして絵を習わせたいと思う方もいるかもしれませんが、そうではなく、絵を描く機会をたくさん与えてあげることが大事だと私は思います。

絵を習わせるのは、あくまでもその機会の一つだと思ってほしいです。私が子育てのなかでやってきたのは、さまざまな作品を見に行く機会をつくること、見て一緒に感動すること、スケッチブックや絵具などの画材道具を揃えることなどです。スケッチブックなどについては、侑生は働いて自分でお金を稼ぐようになってからは、自分のお金から購入しています。

ほかにも侑生には趣味があります。それは、お出かけです。自分で「小旅行」と名付け

高山への一人旅

て、よく日帰り旅行をしています。スーパー銭湯も好きなので、スマートフォンで経路を検索してしょっちゅう出かけます。

また、趣味のイベントを探して、県外まで出かけることもあります。それができるようになるまでには、家族旅行に行くときに計画の手順などを見せて、ときには本人にやってもらって、それを見守るということを中学生の頃から、繰り返し行ってきました。すると、高校生になってからは、どんどん自分一人で出かけるようになり、社会人になってからは、泊まりがけの旅行も楽しんでいます。一人で計画し、一人で出かけることができるようになるまでは、余計な口出しはせずに、お手本となるようなかかわり方を心がけてきました。

長い人生のなかでは、自分が楽しめることを自分で成り立たせられることが、とても大事になってくると思います。

お金をもらうことと管理すること

働くことは、生きていくことですから、お金を稼ぐことは人生にとって大事なことです。でも、障害をもっている人が生涯に稼げる賃金はそれほど多くありません。たくさん稼ぐということはいったん横に置いておいて、まずは、お金を有効に使えることが一番大事だと思います。

そのためには、「お金の管理」が重要になります。お金を管理するとは、稼ぐこと、貯めること、使うことすべてを指します。さらにいえば、「適切に使う」ということも含まれます。お金を適切に使えるようにしていくことは、親の役目だと思っています。

侑生のお金の管理方法は、極めてシンプルな方法です。

給料が入ったら銀行のATMから一定の額を引き出し、使用目的ごとに現金をジッパー袋に分けて入れておいて、出費用途に合わせて、該当するジッパー袋から現金を出して財布に入れて持っていくという方法です。

用途ごとにジッパー袋に入っている以上は使わないし、ジッパー袋のなかにお金が残ったら、そのお金をまた銀行のATMで入金する、という単純な作業をシステム化し、毎月のルーティンにしています。この作業を定着させ、できるようにしました。

繰り返しになりますが、大事なことは、口を出さず見守ることです。絶対に、「このお金を◯◯に使って」と言ったり、指示命令はせず、自分で考えてもらうようにしました。

管理の根底にある大原則は、「我慢=自己コントロール力」です。我慢できる力を養うためには、いわゆる「基本的信頼感」を培うことが必要です。平たく言えば、「大事に育て、(自分の育てた)子どもを信頼する」ということです。親自身が自分を信じ、子どもを信じる、その積み重ねです。

自分を信じる力は、愛され信じられてきた人だけがもっています。自分を信じる力は、他者を信じる力にもなります。他者を信じる力は、成長してからは、自分を助ける大きな力になります。信じることは、口出しや指示とは対極にあるものです。

喜んでもらえることのうれしさを味わう

「自己肯定感が大事」とはよく聞きます。でも、自己肯定感の基となっているのは、「自尊感情」「自己決定感」「自己信頼感」「自己有用感」などの要素です。そのなかの「自己有用感」は、自分が誰かの役に立っているという感覚ですが、この自己有用感が社会人として働き続けるためには非常に重要で、「自分は人の役に立てている」という、「喜んでもらえること」を「うれしく思う」という体験を、幼い頃から十分積み重ねていくことが大事なのです。

何も難しいことではなく、たとえば、子どもが笑ったときに、「かわいいね。○○ちゃんの笑顔は素敵だよ。○○ちゃんが笑っていると、幸せだな」と、自分の存在が人を喜ばせているのだと感じさせてあげればよいと思います。そして、もっと大事なのは、子どもにただそこにいるだけで喜んでもらえる親になることです。

子どもができることだけに着目するのではなくて、子どもが頑張っていることを、そのまま認めてあげることを積み重ねていけば、能力の差はあっても、一生懸命努力ができる子どもになります。これは、社会人に必要な働く力になるだけではなく、学齢期の一生懸命勉強する力にもつながります。

幼児期は一生懸命遊び、児童期は一生懸命学び、そして、社会人になったら、一生懸命働ける人になります。

「自己有用感」＝「喜んでもらえることのうれしさを味わう」。このことが、働き続ける生活になったときに、一番役に立つ力です。「生きてきてよかった」「お母さんの子どもでいてくれてありがとう」という言葉が一番子どもの心に響きます。そして、自信につながります。

余暇の充実が生きる力

休日の侑生は、①キャラづくり（デジタルイラスト作成）、②スーパー銭湯めぐり、③小旅行、で過ごしているように思います。

スーパー銭湯は、自分で検索して県外まで出かけていきます。小旅行といっても、「えっ？　そこまで行くの？」というところまで出かけていきます。楽しめる力が侑生の生きる力になっています。

２０１６年、侑生が25歳のとき、仕事が休みの土曜日の朝、こんな会話がありました。

「お母さん、僕カービィカフェ行ってきます！」

「はーい、気をつけてね。ところで、それどこにあるの？」

「大阪！　行ってきま〜す！」

「えっ⁉」

……ちなみに居住地は愛知県豊橋市です。

こう言われると、私が言えるのは、

「療育手帳持っていくと新幹線代安くなるよ」

くらいです。

大阪のカービィカフェにて

侑生は、

「うん、知ってる。行ってきます」

と言って出かけました。

わが息子ながら、社会人になってもこうやって楽しみを見つけて生活できていることは素晴らしいな、とつくづく感じた朝でした。侑生は5歳になってやっと二語文が出たような子で、超がつくほどの多動で迷子歴は数えきれないほどだったので、一人で行き先を決めて出かけられるまでに育ったんだな、とこれまでの育児を振り返った会話でもありました。

その夜、帰ってきていろいろな話をし、お土産にカービィのぬいぐるみをもらいました。「よく大阪まで行けたね」と言うと、「うん、前にお兄ちゃんと一緒に行ったからね」とさらりと言っていました。これまでのさまざまな経験や体験の積み重ねが彼の余暇の充実につながっているのだと、やはり何でもやらせてみるものだと感じた感慨深い一日でした。

自閉症であることを認めて楽しむ

さまざまな場面を見るにつけ、自閉症である侑生は、人とかかわることはできても、人と過ごすより自分のペースで過ごすことのほうが心地よいのだと感じます。

彼には自分が自分である時間が必要です。小さな頃から、ノートに自分の好きなキャラクターを描いて、吹き出しに自分の思いを描いたり、マンガを作ったりしていました。中学生の頃、先生から侑生の描く水彩画が素晴らしいと言われ、キャラづくりと水彩画の間で自分の絵のスタイルに悩んでいた時期もありましたが、その悩みも、息子を成長させてくれています。高校では、美術部に入り、ダイナミックな作品などに挑戦しました。

美術部でとことん好きな分野・領域を味わえたことは、とてもよかったと思います。その後は、月に2回、新幹線に乗って、アニメーションスクールへ通うこともしました。最初の日は、道を覚えるために私が一緒に出かけました。

本当は、私はその前に一度そのスクールへ行ったのですが、彼にとっての1日目には、私も初めてのように一緒に出かけました。子どもの下支えを楽しんでやってきました。

しばらくして、「もう大丈夫。学んだことを全部できるようになりました。卒業です」と自分から言って、そのスクールを終了しました。自分で区切りをつけられたことは、彼の気持ちの区切りとして尊重しました。それでも、つながる社会資源はたくさんあるほうがいいと考え、本人と相談のうえ、スクールに交渉して、わからないことがあったときに相談するという形で、しばらく在籍しました。

初めは単純に「絵を描くことが好き」という気持ちだけでしたが、自分の絵を見てもらって「他者の力になりたい」という気持ちが芽生え、高校生になってから毎年1回、個展も開催していました。

社会人になってからは、個展を開催する一連の作業の8割くらいを自分でできるように

2017年の個展

なりました。今は個展ではなく、出展という形でさまざまなイベントで自分の絵を披露しています。出展先の地域に旅行を兼ねて行くなど、楽しみと趣味がつながるようにしています。

一人でお出かけができるようになるまでの下準備はたくさんしました。ホテルを予約し、スマホで電車を調べて、お小遣いを持って……。いろいろなところに出かけることは、容易にできるようになりました。人に聞くこともできますが、多くの情報から自分に必要なものを取捨選択できるようにしておけば、自分が行きたいところをスマホで検索して、自分で考えて楽しむことができます。このような情報を取捨選択する力を養うまでは親の仕事です。でも、わからなかったらいつでも聞いていい、というスタンスをとっています。

子どもを働ける大人に育てる

自分の好きなことを、自分のお金のなかで調整して行える高校生になってから、個展は毎年1回開催していました。楽しむことは、生き続けることに直結します。

子どもと一緒に楽しんで「生活すること」を見せながら一緒にやっていくことが大事です。働くことは喜ばしいことで、生き生きと働く姿を見せていくことが、親の本筋の役割です。そして、子どもが一つの力を獲得するときに、どんなことにつまずくかも含めて、親も一緒に体験することが大事だと思っています。親が生き生きと働き生活する姿を見せていく、というスタイルで、ずっと子どもを下支えしてきました。

子どもを育てるためには、「やってみせ　言って聞かせて　させてみて　ほめてやらねば　人は動かじ」。本当に、山本五十六氏のこの言葉のとおりです。

働く侑生先生

岩田こども園園長／恒川元成

侑生先生（当園ではすべての職員を○○先生と呼んでいます）は、当園で初めて障害者雇用として入職されました。担当の就労移行支援の方もとても丁寧だし、まぁなんとかなるだろうとの思いでした。

ただ、入職した侑生先生の仕事ぶりは実直そのもの、とても熱心なものでした。入職から3年以上が過ぎましたが、侑生先生は、日々、黙々と掃除やパソコン業務をしてくれています。

近年、教諭や医師を先生と呼ばず、○○さんと呼ぶ傾向にあると聞きますが、侑生先生は「先生」と呼ばれることに、よい意味でプライドをもち、がんばっていると感じています。

いわゆる「仕事」が我々自身に教えてくれることもあるでしょうし、挫折や充実感、苦しみや味わい、そういった対になるものを与えてくれることもあるでしょう。お金のために働くというのも悪くはないですが、侑生先生の、時折汗をぬぐい、腰を叩いている姿に、私も学ぶべきものが多いなと感じています。

ご本人の努力もさることながら、ご家族や恩師、さまざまな人たちとの出会いから、侑生先生の現在が形づくられているのでしょう。

侑生先生は、今どきの若者でもあられるので、17時半には定時退勤できるほうがよいだろう、土日祝日休みがよいだろう、という当方の配慮もあるのですが(笑)。各職員それぞれの個性や生活スタイルに応じて考えていくのは、勤務先としての務めですので、ＯＫです。

仕事がお休みの日には、旅行を楽しみにしているそうです。私たち職員にも旅先のお土産を買ってきてくれ、「温泉が好きです」などと話をしてくれます。お土産はうれしいですが、決して無理のないように。

誰もがそうですが、充実した生活を送っていただくことを祈っています。

第3章

進路・選択

僕が歩んだ人生

侑生

小学校5年生のとき、さわやかクラス（特別支援学級）に在籍することになりました。さわやかクラスでよかったことは、最初はたった二人だけど、同じ障害者同士で気が合いそうなことでした。いろいろなことがあったけど、楽しい友だちでした。

中学校は9、10組（特別支援学級）でした。他のクラスの人の行動を見ながら、僕だってステキだ！　と感じました。がんばったことは主にマラソンです。毎回記録更新しなきゃいけないので、死ぬほど大変でした。

高校の進学先を選択するときに、桃花校舎に決めたのは、さわやかクラスや9、10組みたいな場所があり、高校生らしく、少し都会な場所へ通学してみたいと思ったからです。受験は、受かるかどうか多少心配でしたが、勇気をもって頑張りました。合格が発表されたときは、重みから解放された感じでうれしかったです。

子どもの頃は高校生になりたくないと思ったことがありましたが、大人になるにつれ、高校生を目指すようになりました。本当に桃花校舎を高校に選んでよかったと思います。

社会人になってからも、小学生の頃からの漫画家になるという夢をもち続けていたので、働きながら、漫画やイラストも描き続けています。

最初の職場では、一人目の上司が他人の気持ちをわかってくれる優しい人で、よかったと感じました。障害者に対して優しい接し方をされる人がいて、テレビで情報収集ができる部屋があって、社員旅行があることの三つがよかったです。

就労移行支援にいたときは、一刻も早く就職（転職）したいと思い、必死でした。最初は苦労する程大変だったけど、おかげで人との接し方や態度などをさらに学べてよかったです。

岩田こども園での仕事で楽しいと思うことは、子どもたちに挨拶しながら働けることです。それに、静かな仕事ができそうなので長く続けられそうです。

人間関係がとても良いこと、給食で多めのご飯をくれることもあり、お土産をくれることもあり、うれしいことばかりです。僕のお土産も、喜んで受け取ってくれます。

誕生～気づき「何かが違う……。なんで？」

1991年8月5日18時45分。侑生誕生。3050グラム、仮死状態。その後、自発呼吸で蘇生。

退院後の育ちは順調で、白くてまるまるとしたよく笑う赤ちゃん、だと当時は思っていました。アルバムの最初のページには、相田みつをさんの「自分の番 いのちのバトン」が貼ってあります。年子の長男のアルバムにもこれと同じものが貼ってあります。「あなたの命は次の世代に引き継がれて脈々と命がつながっていく。その人生を大事に歩んでね」「命を精一杯輝かせてほしい」と、ただそれだけを願って、年子の子育てをしていました。

侑生の育ちに「あれ？」と感じたのは、生後3か月を過ぎたあたりです。

抱っこしてあやしているときに、ふと不思議に感じたのです。年子の長男は、3か月ほどで私に向かってほほ笑みだしたのに、次男の侑生はちょっと違うなあ、と。

あやすと反応する、人の声や顔に反応するというような他者に意識を向ける「社会的微笑」といわれるほほ笑みをする発達の時期に、侑生は私のはたらきかけではなく、自分のタイミングだけで笑っていました。「新生児微笑」から発達していない……。この子は、私に向けてほほ笑んでいるのだろうか……。違和感を覚え、急いでガラガラを振り、追視をするかを確認したところ、かろうじて追視はしているようにも見え、「う〜ん。なんだろう?」と胸騒ぎがしました。

それからも、細かい「あれ?」は、星の数ほどありました。ハイハイよりもお座りが先。そのハイハイ時期も短く、前に進むより後ろに進むばかり……。こちらからはたらきかけたタイミングではないのに笑っているし、はたらきかけても笑わないし……。その違和感を、健診のたびに伝えたのですが、首の座りもハイハイもお座りも、完成時期には該当しているので、「特に問題なし」で通過。でも、私の頭のなかに無数にある「なぜ?」は、増えるばかりでした。

抱きにくかったことも「あれ?」と感じたことの一つです。ミルクを飲んだ後にゲップ

赤ちゃんの頃の侑生

を出させるときも、侑生は私に身体を預けず、そっくり返っていました。

「8か月不安」の時期も、長男はトイレに行くこともできないくらい「ママ」と連発していたのに、侑生は私の姿が見えなくても追いかけてきませんでした。

そうかと思えば、一人歩きをし始めると、親から離れてひたすら歩いて行って、名前を呼んでも振り返らないのです。

「う〜ん。何かが違う」。でもわからない……。

当時は、インターネットもなければ、

一般的に発達障害の概念も浸透していない時代です。調べるには、人に聞くか文献しかありませんでした。1991年はまだまだそんな時代でした。

私にできることは、精一杯の子育てしかなかったのです。子どもがしてほしいと思うことを察知すること、快い対応を繰り返す毎日でした。

でも、これが後々になって、子どもの発達に効果的にはたらいたと思っています。子どもが好きで、育てるのが好きで、子どもにかかわる仕事の経験があってよかったと思いました。子どもにふれる職業に就いていてよかった、長男が生まれてすぐに子どもへのかかわり方を学ぶ勉強会に参加してきてよかった、子どものことが好きな自分でよかった、本当に子どもを育てるにはそれだけだなと思いました。

また、「布おむつ育て」も、後々よかったと思ったことの一つです。

長男を妊娠したとき、実家の母がわが家に反物を持ってきてくれました。2枚1組で50組、要するに100枚の布おむつを作れ、ということでした。

次男のときにも、同じく反物を持ってきてくれましたので、私は、2年で計200枚のおむつを縫いました。子どもたちにはできるだけおむつが濡れるという不快を感じ、その不快を解消する心地よさを味わってもらいたいと思っていました。そのほうが感情が発達すると思っていたからです。

当時、すでに世は平成でしたから、紙おむつがなかったわけではありません。でも、おむつを縫いながら母になる喜びを感じられたこと、子どもの誕生をワクワクして待つ気持ちで心がいっぱいになったことを今でも思い出します。

子どもの育ちにとって排せつの自立は精神発達に直結するといわれています。心を育てるために、生理的欲求を細かく汲み取ってあげられるように気をつけて育てました。

幼い頃に丁寧に育児をしていくことの重要さを、子どもが成人した今になって、しみじみと感じることがあり

後から考えて、乳児期の子育てでよかったと思える点

- 子どもにかかわる仕事をしてきていたこと（実際の子どもを知っていたこと）
- 子どもの育ちは「親のかかわりしだい」と勉強しておいたこと（親が努力することを知っていたこと）
- 自分が一生懸命になって子育てしていると協力者が現れてくること（困ったことを発信すること）
- 自分の目を疑ってみること（他者からの意見を尊重すること）
- 育児本が万能だとは思わず、参考程度にとどめること（みんなと同じを目指さないこと）

ます。他者に思いやりのある行動ができる、他者に優しい言葉をかけることができるときなどです。障害児を育てるということは、子どもとのかかわりを、普通の子育てを、より丁寧に積み重ねていくことなのだと実感します。

気づきから診断まで

侑生は超多動でした。1歳1か月で歩けるようになった後は、目を離したら一瞬でいなくなる子どもでした。神業といえるほど、本当に一瞬でいなくなってしまうので、一時も目が離せません。一方で、長男は遊びたい盛りなので、じっくりと彼の遊びに付き合ってあげたいと思うのですが、侑生が一瞬でいなくなってしまうので、外出は命がけでした。

私は、毎日ズボンにスニーカー。どんなときでもスタートダッシュができる態勢を整えながら長男に話しかけ、でもやはり常に目では侑生の動きを追い、公園で遊ぶ日々でした。公園では、侑生が走り出すと、長男に「お母さんは侑生を追いかけるから、お母さんの後をついてきて～」と言って二人で後をついて行くか「お母さんは侑生を捕まえてくるけど（本当に捕獲するようなイメージ）、必ず帰ってくるからここで遊んでいてね～。絶対に帰ってくるからね～」と言って、猛ダッシュで侑生を追いかける、その二つに一つでした。

大変なことばかりでしたが、毎日外へ遊びに連れ出しました。二人の息子の発達段階は当然異なりますし、年齢差もあり、気質も違いがあって当然。親の私はそれぞれに合わせるしかないと覚悟して毎日過ごしていました。長男と次男、どちらも大事なわが子です。子どもが二人いても、それぞれ個別に、そして同時に見るようにしていました。それは覚悟というか、個別に同時に見ることを信念としていたといいかえてもよいように思います。

その頃を知る友人からは、今でも「いつも走っていたよね」と言われます。見失ったら最後という危機感と、事故に遭う危険性があったので、侑生が走り出したら私も走り出すしかなく、人生で一番たくさん、そして速く走っていた気がします。

幼い二人を連れて公園でピクニック

こんなふうに子どもと一緒に過ごすこと、これ以外に子どもを育てる営みは存在しないと信じて過ごしてきました。公園などでの遊び以外で超多動の侑生と一緒に出かけるときは、侑生を背負い、長男の手をつながなければ動けません。侑生はおんぶすると身体を反らせるので、私は背中を引っ張られ、操り人形のような動きになり、周りから「どうしたの？」としょっちゅう言われていましたが、「仕方ないよね。これ以外には、二人を見る方法がないんだから」と思っていました。

この頃は長男が2歳、侑生が1歳。ま

だ、発達障害だと診断されていない頃ですが、何かが違う、どこかが違うと思いながらも、毎日子育てに必死でした。

出かけるときの荷物は、ぎゅうぎゅうに詰めてもスポーツバッグ三つほどになりました。中身は親と子ども二人の着替え等のほか、粘土セット、ブロック、お絵描きセットです。子育て支援という社会のシステムもなかった時代です。どこに行っても、どんな状況になっても十分遊べるだけのものを持って出かけていたので大荷物になっていました。周りからは大変そうに見えたと思いますが、私にとって子育てはとても楽しい毎日でした。子どもと一緒にいる、ということが私の時間であって、子どもが一緒にいるから孤独ではありませんでしたし、一人でいるときも自分の時間、でも、子どもと一緒にいる時間も自分の時間だと思えてうれしかったし、楽しかった思い出ばかりです。

子どもが満足するまでは、母親に十分な依存をしてもらえばよいのです。育児サークルがはやりだした頃でもあったので、仲間みんなで子育てしていたような気がします。自分の子どもだけでなく、周りにいる子どもにも、いけないことはいけないと注意をし合ったり、褒め合ったりというような社会的な育児が自然発生していたことは、子どもの育ちのなかで大きかったと思います。私の子ども時代のようなもっと緊密な近所付き合いではありませんでしたが、ほどよい社会的なコミュニティが存在していたので、遊びの延長上で互いの家に泊まりに行って家族のように一緒に旅行に行ったりといったことが、ごく普通の日常のなかで行われていました。

そのような環境のなかで息子たちは育ちました。人のなかで子どもは育つものですから、多くの価値観に囲まれた環境が、次男の育ちの過程には有効にはたらいたと思います。ただ、そのような環境が日常生活のなかにあっても、次男は「普通」といわれる育ちとは全く違っていて、この頃は「あれ?」どころではないくらい、「何かある」が確信に変わっていましたが、診断名はなかったのです。

私は、子どもを誰かに預けることを積極的にはしませんでした。3歳で保育園に入るまでに、たくさん愛を注いでおくことが生きる力に直結すると思っていたので、全身全霊で子どもとかかわりました。長男のようにうまく母子関係が構築できるタイプとは違う、関係性の構築が積みにくいタイプの次男とのやり取りは困難を極めましたが、母子関係の良好さが、その後に続く人間関係の基礎となるということも知っていたので、子どもへのかかわり方をたくさん工夫しました。

今思えば、相当大変な毎日だったと思いますが、（大げさでなく）それ以上に子どもの笑顔が私の生きる力になって、毎日私の生きる力や元気に跳ね返ってきていました。子どもを知るために、子どもにとって好ましいお母さんになりたくて、子育てサークルや子どもへのかかわり方を学ぶ勉強会に積極的に出かけました。

「社会参加」などという大げさなものではなく、子どもは子どもと交わるなかで社会性を身につけていくものだと思っていたこと、子育ては0から、母親1年生からのスタートでわからないことだらけだったので、一生懸命勉強しました。

子どもの心を理解したくて、勉強会で聞いたことを即実践し、子育て中は後ろ姿で（子を）導くという長男が生まれたときに立てた大目標を、つぶやくように言い聞かせ、小さな成長を喜びました。「子どもが大きくなって20歳になったときに、困っている人を助けずにはいられない子になるように育ってほしい」と、それだけを懸命に考えました。

「困っている人がいたら、助けなくてはいけない」ではなく、「困っている人がいたら、助けずにはいられない子」に育つように、親はどう生きていけばよいか――。毎日自問自答しながら、私を母親として生まれてきてくれた二人の子どもを、社会の役に立てるように真心込めて育てて社会に返していく。その循環で社会が成り立つと思い、心から願い、祈りながら、私自身が子どもに真似てもらえるような人間になろうと努力しました。

超多動な侑生を連れての日常生活。特に移動は、注意力と判断力、集中力を高めることになり、大げさではなく思考力や想像力、調整力も養えたと思います。子育ては万能の学びの場。子育てで人間として成長することができました。「ママ、抱っこ」とせがむ長男と、いついなくなるかわからない多動の次男。長男には「ママはご飯つくっているから、ここ（エプロンの裾）握っていて」と言い、いつも体温の感じられるところに置いて、二人を一緒に育ててきました。どちらを重視するとか、分け隔てはなくということではなく、私には「子どもが二人いる」というありのままの状態を受け入れて子育てをしていました。頭は常にフル回転、想定されることをすべてイメージして、その対処をいつも考えながら、毎日を送っていました。

私が支援者として保護者からの相談でよく聞く、「子どもがいるから○○ができなかった」「自分の時間がない」という気持ちは、当時の私の頭には全くありませんでした。子どもを産んだら、「子どもと一緒にいる時間も私の時間」だと思っていたので、自分と子どもが一緒にいる時間をどうやって過ごそうかということを一生懸命考えるのが楽しかったのです。相変わらず、侑生は多動で言葉も遅く、心配ではありましたが、私はどのように子どもとの時間をやりくりするかを考えるのがただただ楽しかったのです。

さすがに、公園やサークルなどで大勢の目にふれるようになってからは、周りからの指摘が多くなってきました。「侑生くん、耳が聞こえてないんじゃない？」「呼んでも振り向かないね」「よく動くよね」「元気よすぎだよね」「病院に行ったら？」「ちょっとおかしくない？」「テレビ見せすぎじゃない？」といった声。一方で、「男の子はこんなもん」「気にすることないよ」という声も……。どれだけ手を尽くしても、対応を変えても侑生の姿は変わらない。「やれることは全部やろう。私の産んだ子だから」と自分に言い聞かせていました。

市役所にも相談に行きました。総合病院にも行きました。侑生を産んだ産婦人科、小児科医、保健所の方々には、健診のたびに育ちのなかでの私の感じる違和感を訴えましたが、返ってくるのは「お母さんの考えすぎ」「男の子は言葉が遅いから」「しっかり話しかけてね」といった言葉。どこからも異常を認められることはありませんでした。

けれど、私がいろいろと動いていると、助けてくれる動きが出てくるものです。地元にある障害児を受け入れて保育をしている保育園の保育士さんが、一度会ってくれることになったのです。園へ出向いて侑生を見てもらってすぐに言われたのは、「この地域にはこの手の子を診れる専門医はいないよ」でした。１９９２年、侑生が1歳の頃の話です。

今のように、市内にいくつものメンタルクリニックがある時代ではありませんでした。保育士さんが言った、この地域には専門医がいないという言葉にびっくりして何も言えなくなった私に続けて、「近々、名古屋からそういう先生が来るよ。会えるようにしてあげるね」と、翌週のその医師の先生の講演会の、昼の休憩時間に面会の機会を設定してくれたのです。

手が届く支援ってこういうことだと思いました。この子は障害があるかもしれません。だから、こうするのだ、というところまでをきちんと伝えること。あの子ちょっとね、という指摘ではなく、その後のことまでをきちんとつなげる、それがサポートする側の務めだと今、支援者になって思うのです。

当日、レストランへと降りるエレベーターでその医師と会いました。息子を見た医師は、階下に降りる1分足らずの間にこう言ったのです。

「○○で聴力検査を、△△で脳波を、□□で発達検査をして、すべてが異常なしだったら、私のところに来なさい、予約は入れておいてあげるからね」

今振り返ると、本当にすごいことです。

（侑生と私は手をつないでいて、そのときの侑生は比較的おとなしくしていたのにもかかわらず）、自閉症の疑いがあるとすぐ判断したであろうこと、そして、検査結果のすべてが異常なしだったら来なさいという指摘。聴力の問題でも能力の問題でもなく、脳波にも異常がみられなかったら、それがすなわち息子の特徴だということ。正確に障害の特徴を伝えていること、それから、それらの検査で異常はなしと診断されるであろうことが前提で受診を確約してくれた配慮、今思うと本当にすごくありがたい心配りでした。

それまでも、侑生は聴力検査や脳波検査、発達検査は受けていました。そしてすべて異常なしでした。でも、それが何を意味するか、それを伝えてくれた人はいませんでした。私は、先生に言われたとおりの検査を改めて行い、全部が異常なしだったので受診することになりました。

そして、1994（平成6）年10月、侑生が3歳2か月のとき、診断が下りました。

この時期に大事なことと必要な支援

●この時期に大事なこと

・子どもの行動をよく見て、サインを見逃さない（成長を見逃さない）

・人の意見に耳を傾けること（息子の場合は、ちょっと違うよね、とかなりの人から指摘があった）

・やってよいこととといけないことを繰り返し教えていくこと

・大きな声で叱っても意味を理解するに至らないから、よい行動に導き承認していくこと

・模倣の時期でもあるから、よい言動を見せていくこと（後ろ姿で導くこと）

●必要な支援

・何をすべきか正確に見立てること

・診断名より、その後の見通しをつけてあげること

・親に安心を与えてあげること

自閉傾向のある発達遅滞。

侑生がいつも走り回っているのは、育て方の問題ではありませんでした。

通園施設～保育園

侑生は、診断がおりてから、母子通園施設へ措置入園となり、さらに地域の保育園に3年通園（障害児は地元の保育園に2年が普通であった時代）をしました。

通園施設の高山学園。最初の1日目は不安がありましたが、いざ行ってみると、それまで健常な子どもたちのなかにいて異質な存在であったわが子が、「目立たない」のです。特異的なことが目立たないのではなく、ほかのみんなも同じであり、わが子だけが特別に映らないのです。

障害があるとかないとか、施設に措置された、といったショックは全くなくて、その光景を見ると、むしろ妙な納得感がありました。

侑生を「完全にクロ」だと思いました。そして、この先どうなるのかという不安もこみ上げてきました。

最初の2週間は母子通園だったため、子どもを自宅の近くから送迎バスに乗せると、私は車で先に園に行ってバスを出迎え、一緒に半日を過ごします。施設は市のはずれにあり、静かな環境で、周りにはのどかな田園が広がっていました。散歩にも一緒に行きました。

散歩へ行く途中、担当の先生から次のように尋ねられました。

「池田さんは、お子さんの将来をどのように考えていますか？」

そうか、そういうことを考えながら育てていくことが大事なのかと感じる問いかけでした。そのとき初めて、まずは小学校までのことをざっとイメージしてみました。地元の学校には特殊学級（現・特別支援学級）がない。でも、長男も通っているし、別の学校に行くのもどうかな、くらいにしか考えられなかったのですが……。

一般的には、引っ越しや受験などがなければ、地域の小学校に入学する以外の選択肢を検討することはあまりないと思います。けれど、障害のある子を育てる、というのはこういうことなんだ、とその問いかけから初めて理解することができたのです。
措置されたのが11月だったので、来年度、どこの保育園に行くのかが当面の進路の悩みでした。

幼児期に重要なのは、将来のイメージを描くことだと思います。小学校へ入るまでにしっかり考えておいたほうがよいと思います。息子の場合は、地域の小学校に入るということを考えて、その小学校へ通う人数が多い地元の保育園（長男も通っていた）への入園を希望しました。また、障害があっても地元の園に普通に通えるのは当たり前と考えていました。

子どもの環境を選択するときは、どこで、何を学び、その後どうなってほしいのかをしっかりと考えることが必要です。あとは、園の先生と一緒に考えていけばよいと思います。通園施設に通っていた半年間は、私にとって息子の障害をしっかり受容する時間でした。

その後入園した保育園は、加配の先生はいたものの、子どもたちが自然と共生を受け止

保育園での日常の様子（左端が侑生です）

めてくれて、同じクラスにいる不思議な友だちとしてかかわってくれました。本来、人間はそういうものなのだと思います。その子にかかわりながら特徴を学んで、自分でその子との距離を取ったり、付き合ったりできるようになるのです。それがインクルーシブな社会なのだと思います。

この頃の写真は、周りの子どもたちが、侑生を自然とサポートしてくれているものばかりです。子どもたちに支えられながら、保育園時代の侑生は成長していきました。

小学生（通常学級在籍〜特別支援学級が新設され転籍）

さて、侑生も年齢を重ねて、小学校へと進学していきます。

侑生には数々の困難が立ちふさがりました。多くの小学生には、自閉症の特性を理解することはなかなか難しいのだと思います。子どもたちの心ない言動に、侑生はもちろん私も苦しめられ、それでも、ともに乗り越えてきました。

実は、その過程で、私たちは心強い理解者を得るのですが……。

そんな三つのエピソードを紹介します。

①エピソード1「車にひかれてしまえ事件」

小学校3年生のときの学校からの帰り道、（友だちがいないので）一人で帰ってくる通学路で、1学年下の2年生が三人で息子の身体を地面に押しつけ、「こいつはバカで生きている価値がないから、車にひかれてしまえばいい」と言って実際にそのようにしようとしたことがありました。

大事には至らず、息子はそのまま家までたどり着き、場面が切り替わったことで、すっかりリセットし、いつもどおり「ただいま」と言って、私が「おかえり」と迎えた直後に、近所の幼なじみの女の子（エピソード3のSちゃんです）が慌てた様子で家に来ました。

「おばさん、おばさん！　大変大変！　今日、ゆうくんがね、帰りの道で……」と、ことの顛末を話してくれたのです。そこに後から帰ってきた長男もいて、顔面蒼白になり、がたがた震えだしました。私は長男がそのような状態になったこともあり、この出来事にどのように対処しようか、冷静に考え、すぐさま長男の手を引き、侑生を連れて、名前を聞いた三人の家を訪ねました。

まず1軒目。玄関で話を聞いたお母さんが「申し訳なかった。後で叱っておく」ということでしたが、私は「私も現場にいたわけではないので、お母様がいらっしゃってもよいので、息子さんと直接話をさせてほしい」と頼みました。奥から出てきたその男の子は、小学校2年生で、幼さもあり、正直に「あぁ、そうそう。こいつバカだからさ、みんなで車にひかれてしまえばいい、って、言ってやったんだよ」と言ったのです。

それを聞いたその子のお母さんが、子どもの頬を叩こうとしましたが、私はそれを制止し、「お母さん、私に話をさせてください」とお願いし、その男の子と話をしました。

私は、その子の手を握り、

「○○くん。○○くんは、お母さんの大事な子どもだと思うのね。○○くんが車でひかれたら、お母さんは本当に悲しいと思うの。生きていられないくらい悲しむと思うの。それは、○○くんが大好きで、大事だから。それはわかるかな?」

「うん」

「それと一緒のようにね、おばさんにとっては、ゆうくんは、本当に大事な大事な子どもなの。ゆうくんが死んじゃったら、私はね、本当に辛くて悲しいの。生きていられないほど、悲しいの。そのくらい、命は大事なの。命は一つで、なくなったらそれで終わりなの。おばさんはね、大事な大事な子どもがいなくなったら、本当に悲しくて悲しくて悲しくて悲しい……。もうこういうことはしないでね」

とお願いをしました。

それを3軒。同じようにして帰宅したのです。

その日の夕食時、玄関でピンポンとチャイムの音が鳴りました。

出てみると、今日訪ねた3軒目のお宅のお父さんお母さんと息子にいたずらをした本人が立っていました。そして、そのお父さんは玄関に出た私にこう言いました。

「家に帰ったら妻から今日のことを聞きました。本当に申し訳ありませんでした。侑生くんをお呼びいただけますか？」

玄関に、侑生、長男、主人と私。

そのお父さんは、前に進み出られ、侑生にこう言って頭を下げられました。

「ゆうくん、ごめんね。怖かったろう、痛かったろう……。本当にごめんね。これからは絶対にゆうくんが嫌がることをしないように、おじさんは子どもに話をしたよ。そして、しないと言ってくれた。もう絶対にゆうくんが嫌がることはしないから、これからも、うちの子と仲良くしてくれるかな？　お願いします」

手を握りながら、語りかけてくれました。

息子は、そのことをあまりよく理解できていなかったようですが、「はい」と答えて握手をしていました。自分の子どもと侑生とも握手をさせて、最後にも深々と頭を下げられ、帰られました。私はなかなかできないことだと感動しました。

息子に起こったことについて「ひどいことじゃないか！」と相手に怒りを向けることもできました。でも、それよりも、状況を好転させるにはどうしたらよいかをいつも考えてきました。

この手のエピソードは山ほどあります。わが子だけではなく、周りの子どもたち皆に同じように、「あなたが大事なのだ」「命は大事なのだ」という心を伝えていきたいと、そう思っています。わが子を育てるのと同じように、大事に丁寧に、社会を、またかかわったすべての人を大切に育てていきたい、そう思っています。子どもたちが育ち、社会の光となって多くの人を幸せにして、それがまた子どもたち自身にも還ってくる、そして、多くの人が幸せになるように祈っているからです。

②エピソード2「パンツを下ろした事件」

小学校5年生のとき、特殊学級（現・特別支援学級）が学校に初めてできました。

その年の6月、交流学級でプールに入る支度をしていたときの出来事です。4年生まで同じクラスだった友だちからの、特殊学級に振り分けられたことによるあからさまなからかい行為が多くなった時期でした。

10人くらいの男児の集団が、着替えている途中の侑生にこう言ったのです。

「ゆうくんがパンツ下ろして女の子に見せないと僕たちが死んでしまうよ。やってみて」

「そんなことはできない」
拒む侑生に
「じゃあ、僕たちが死んじゃってもいい、ってことだね」
と執拗に迫り、バタバタと倒れる真似をする男児たち。それを数十回繰り返されたようですが、特性からうまくそのやり取りをかわすことができず、また人の悪意を想像できずにそのまま受け取った侑生は、「友だちが死んじゃうのはかわいそうだから……」とパンツを下ろし、女の子がキャーと叫んだのです。

事件があった直後に学校から連絡があり、母親として、出来事自体に憤り、悔しく、悲しく、また息子のことを思うと、本当に切なかったです。けれど、「お母さん。辛いと思います。でも、これは学校で起こったことなので、今から対応します。学校にお任せくださいい」という先生の言葉を信じお任せすることにしました。その後2時間、プールの時間をなくして、子どもたちとこのことを話し合ったということでした。

2年後、中学生になった息子の同級生に、「命の授業」として、この事件も含めて、私が息子の自閉症のことなど育ちの話をする機会がありましたが、それは後ほど紹介します。

③エピソード3「幼なじみのSちゃんとインクルーシブ」

たくさんの個性のなかで育つこと。障害をもっている本人だけではなく、どの子もさまざまな価値観のなかで育つことの重要性を社会全体が理解すること。そして、それができる環境や機会を親が覚悟してつくること。

たくさんの価値のなかに生きることは、障害児者の周囲の成長を促します。そして、周囲の変化したものが、まわりまわって、本人に還元されるのです。

侑生の幼なじみにSちゃんという子がいます。向かいの家に住むSちゃんは、現在は社会福祉士・精神保健福祉士として働いています。侑生が保育園時代に引っ越してきて、それからずっと侑生の同級生で力強い味方です。

学業も優秀ですが、思いやりのある、心優しい女性に育ちました。もちろんご家族の育て方が一番の根底になりますが、Sちゃんがこう言っていたことがあります。

「おばさん、私ね、ゆうくんがいなかったら、きっと今の職業についていないと思う。世の中本当にいろいろな人がいるし、いろいろな人がいていいんだって、そう思った。そして、いろいろな人がいるけれど、みんな同じだなって思ってる。そう思わせてくれたのは、ゆうくんの存在が一番大きい。ゆうくんといると、いろいろあっていいんだな、そして、みんな素晴らしいんだなって、そう思えるの。おばさんは、お世話をしてくれてありがとうと言うけれど、こちらこそ、本当にありがとうございますと心からそう思っているんだよ。ここまでこれたのは、ゆうくんのおかげ。ありがとうございます」

多様性のなかで育ったので、確かにいじめもありましたが、そのときにどのように受け止めるか、そして、受けた負の感情よりも、どのようにはたらきかけるかを優先して考えてきました。いじめっ子に迎合するのではなく、どう手を結んでいくかを必死で考えてきました。味方になってくれなくてもいいですが、息子のような個性をもつ子を理解することが、その子の生き方にも影響（できればよい影響）を与えることが必ずできると信じてかかわりました。その子が理解できれば、息子へのいじめがなくなるだけではなく、その子自身が人間的に成長し、人生に反映することができるでしょう。そして、まわりまわって、息子のような特性をもつ子たちに還元できるのです。

中学生（周囲の成長）

エピソード2で、後ほど紹介しますと言った「命の授業」のお話です。侑生が中学校2年生のとき、『命の尊さを学ぶ』総合授業があり、学校の生徒（同級生）に息子のことをお話ししました。

侑生の小学校の同級生も生徒のなかにいました。エピソード2「パンツを下ろした事件」についてもお話ししたので、ドキッとした子もいたかもしれません。侑生がパンツを下ろした経緯にかかわりがなかった子も含めて、あのとき授業が変更になった意味が伝わればいいな、と思ってお話ししました。

以下は、いただいた感想を一部抜粋したものです。これを見ると、成長した子どもたちには、私の思いは伝わったのだと思います。

実際、中学生のときには、小学生のときよりも、侑生の特性を理解してかかわってくれる子が多かったことを覚えています。

●私はゆう君と小学校から同じ学校に通っていたけど、やっぱりはじめて見たときは、うわーとか思っていたけど、同じクラスになってみるとぜんぜん楽しいし、何でも早くできちゃって、正直みんなとかわらんじゃん、と思いました。修学旅行も一緒の班で楽しくてよかった。

●自閉症のことを聞き、特徴は誰にでもあるようなことで、侑くんだけが特別ではないと思います。侑くんは僕らのクラスの一員です。初めからそんなことわかっていたけど、そのことを改めて実感しました。

●僕は小さい頃から侑くんと友達です。今までは普通の友達のように一緒に遊んだりクラブをやったりしていました。でも、やっぱり、今日聞いて色々なことがわかり、頑張っている侑くんが困っているときはこれからも友達として助けてあげたいです。漫画家になる夢も応援しています。ファイト！

●特別クラスにいるからという気持ちはなく普通に友達と話すようにしていました。時々笑ったりするところは気になっていましたが、今日話を聞いて理解できました。

●自分の子どもにもし障害があったら、みんなに話せるか自信がありません。

●家に帰って両親に母子手帳を見せてもらいました。ゆうくんは「アプガースコア」が

2点といっていましたが、私は9点でした。びっくりしました。命をいただいて生きていることがすごいことだと気づきました。
●ゆうくんは学校ではおとなしいです。放課後はよく同じ道を（教室の中で）何度も往復をしています。それから、ゆうくんのお母さんは、ゆうくんが話をする時の声や言葉遣い、話し方がとっても似ていたので、やっぱり親子だな～と思いました。
●自閉症のこと、池田君のこと、この時間でたくさん知りました。色々考えさせられました。私たちは色々もっと学ばなくてはならないと思いました。
●ゆうくんのしょうがいも個性と考えれば、そうたいしたことないと思う。それから、昔ゆうくんがパンツを下ろすことになった事件は絶対に許してはいけないことであるし、僕も許さない!!　もし、これからそんなことがあったら、ゆう君を助ける！
●ゆうくんのおかあさん、安心してください。学校のゆうくんの面倒は僕たちクラスメートのみんなが見守ります。お母さんも頑張ってください。ゆうくんが毎日楽しく学校に来れるように自分なりに努力したいです。

義務教育後の進路は社会人としての準備期間

侑生の育ちを考え、高校は特別支援学校（当時は養護学校）に進学しました。愛知県立半田養護学校（現・愛知県立大府もちのき特別支援学校）桃花校舎です。普通高校に特別支援学校の高等部が分校舎として同じ敷地にある学校の造りは、愛知県では初の試みでした。開校2年目の新しい学校を選んだのは、自由な校風のなかにもノーマライゼーションが掲げてあるところに惹かれたためです。

試験を受けて合格し、「これで、僕の自閉症は治ったと思います」と言った侑生の言葉にはずっこけましたが、本人はそのくらい、試験に受かって入学できた喜びが大きかったのだと思うことにしました。

高校は自力登校のため、入学式までに、学校に一人で行けるように練習しました。家から最寄りの駅まで徒歩で10分、電車に乗って4駅で市の中心部に出て、ＪＲに乗り換えて40分で下車。そこから徒歩10分程度で学校に着きます。

乗り換えはできますが、ＪＲは快速、新快速、特別快速では停まる駅が違います。まずは、学校に間に合うように、どの電車に乗るのか、どのような経路をたどるのかを練習しました。最初は学校まで一緒に登校しました。その次は、最終下車駅の大府駅で待っていて、そこから学校まで行ってくる練習、次には、豊橋駅で私は待っていて、そこから自分で行ってくる練習。それもいつも朝登校する同じ時間の列車に乗ってです。

そして、最終的には、学校が始まるまでに、自宅で見送れるまでに練習をしました。そこまでしてから「あっ、そうだ」と気づいたことがあります。それは、乗り越してしまった場合の練習です。下車駅を通過してしまう列車に乗った場合は、次の駅で降りて、まず学校に状況を説明する電話を入れる、そして、向かいのホームから戻りの普通列車に乗るという練習をもしておきました。侑生はそういう練習をしておけば大丈夫なタイプなのです。案の定、入学3日目にして、練習が実を結ぶアクシデントが起こりましたが、本人はそれを想定内として受け取ったようで、自分で対処できたことは彼の大きな自信となりました。

高校が特別支援学校になったことで変化したことは、障害に関しての理解度でした。今までの学校生活とは全く違っていました。開校2年目、先生方も一丸となって新しい学校を創っていく意欲に燃えていたことももちろんありますが、特別支援や障害について理解ある環境にいたことは、社会に出るまでの3年間で貴重な時間となりました。息子だけではありません。きっと今までの社会の中では、存在自体が隅に追いやられていたであろう子たちが、自分たちの意見を言ったり、主張をしたりと、存在をそのまま認めてもらえる環境がある。自分たちが社会に行ける勉強を主体となって学べる環境がある。それは本当に大きな大きな力となります。

2009年2月20日、17歳。侑生が高校2年生のとき。キユーピーマヨネーズやトヨタ自動車の工場、豊田スタジアムなどの社会見学に行った後の侑生の感想文を紹介します。

「働く人について」

工場の人たちは、みんな真面目で、サボらずに一生懸命頑張っています。

不良品を出さないように気をつけて作業をしたり、おしゃべりもせずに仕事をしています。社会人は、真面目さが一番とぼくは思っていました。

これからも、高校を卒業し、仕事を真面目に頑張るようにしたいです。

社会人❶　障害をもちながら社会で生きる

「障害があるからできない」こともあるかもしれませんが、障害のせいにすることとは違うと思います。障害を受けているもののなかでも、その最大限までは、本人も家族もよく理解してかかわることが大事です。それでも、やはり障害特性により、努力や工夫ではどうにも補えないことがあるのは事実です。そこは、周囲の理解で認めていくこと（周囲の努力と工夫）が必要となります。

高校卒業時に悩んだことは、自動車免許の取得です。その時は取得を見送ったけれど、今も悩み続けています。

それから、伴侶をもつこと。本人は、やがてそういうことになると思っています。個人の思いを尊重すること、人格を認めることの大切さは、十分理解していますが、しかしです。

伴侶との生活はうまくいくのか、世間はどう受け止めるのか、金銭面はどうするのか……。難しいところです。人が人を好きになることは素敵なこと。それでも、親としては、とても悩むところであることも正直な思いです。

社会人❷　福祉制度を使う（就労移行支援）

お伝えするタイミングを逃してしまったのですが、実は私は二人の子どもが幼い頃から思いついたときに日記をつけています。

どうして日記の話になったかというと、侑生が社会人になって10年間、最初に勤めた会社を辞めたときの私の思いが、そのまま文字として残っていたからです。

真面目に仕事をする侑生ではありますが、順風満帆とはいきませんでした。

【息子、最後の出勤】※2020年3月31日日記より

自閉症の息子が、特別支援学校を卒業してから10年間ずっと勤めていた会社（正社員・障害者雇用）を辞めることになりました。

端的に言えば、障害者への理解がなかったことによるのですが、本当に、よく頑張りました。

文句も言うことなく、ひたすら真面目に、他の人と同じ仕事を黙々とこなして、休みには、趣味のスーパー銭湯めぐりと、旅行、そして絵を描いて過ごしてきました。

最初の上長は、言葉でうまく伝えられない息子の代弁を上手にしてくれたり、仲立ちしてくださったのですが、５年前に代わった上長は、バカにした態度や無視をしたり、と……。

何度も会社と掛け合いましたが、改善されず、今回の決断に至りました。

会社に理解があっても、現場にどれだけ理解者がいるかどうか……。本当に環境は大事です。

社会情勢が厳しいタイミングにはまってしまい、先行きに見通しがつかず、親としても心配でならないのですが、今まで一歩一歩積み重ねてきて、もう一度積みなおしていく……。

これからも、
頑張る息子を応援していこうと思います！

就労移行支援事業によるサポート

実は、転職を考えて、一番最初に候補に考えたのは、市役所の障害者雇用枠でした。他市も含めて障害者雇用枠の募集情報を早くから入手して準備を始めました。居住地の豊橋市の、「豊橋市役所庁内障害者ワークステーション『わくわく』」にも応募しました。実習もしっかりでき、評価も良かったと侑生が言うので、朗報を待っていましたが採用に至りませんでした。

その結果が届いたとき、侑生は封筒から通知を出し、長い間、その通知を眺めて、大きく息をついて、もう一度、通知を眺め、涙を流していました。本人も、手ごたえを感じていたので、大変ショックだったのだろうと思います。私は後ろから、その息子の姿を見ながら、何もしてあげられないのはもちろんのこと、その悔しさややるせなさを、一緒に感じることしかできない、どうしようもない切ない思いでした。心のなかで、「それでも大丈夫。絶対に、ゆうくんに合う職場が見つかるよ。絶対にね」とつぶやくのが精一杯でした。とても声をかけられなかったことを思い出します。

とにかく、気持ちを変えられるように、努めて冷静に接して、その日はおいしいものを一緒に食べました。「悔しいけど、がんばるね」と言う息子に、どれだけ救われ、励まされたことでしょう。すごいな、と思いました。

職場でうまくいかなくなってから、相談支援事業所の鈴木さん（第4章ではコラムに寄稿していただきました）に相談をしていたので、これらの不採用について相談すると、就労移行支援事業の利用を提案されました。私は社会福祉士として制度については知っていましたが、息子が利用することは考えておらず、盲点でした。勧めてもらった就労移行支援事業所「あいびっと豊橋」の管理者は、同じようなタイプのお子さんがいらっしゃるので、就労ができるのにできない子の親である私の思いをよく理解してくれました。

就労移行支援事業の利用は、2年間の期限がありますが、侑生も、できるだけ早く職に就きたい思いがあり、可能な限り早く実習に出させてもらいたいと伝えました。10年間働いてきたこともあり、まじめに働くことや作業には不安がありませんでしたが、次の職場がなかなか決まらないという、働ける能力はあるのに、本人が働ける、適した職場に恵まれない親の私の焦る気持ちもありました。そこで、この機会を、その先のことをじっくり考える機会だ、と思えるように、私から侑生にはたらきかけることにしました。

「自分にとって、自立とは何か」という質問をすることにしました。時間に余裕があることもあって、一生懸命、考えていました。翌日かその翌日に「自立することは、助けてもらってもいい、自分で生活していくことだ」という答えに侑生はたどり着きました。そして、その過程で「一人暮らし」と「車の免許」というキーワードが頻繁に出てきました。

侑生は、会社を辞めてからおよそ1年間、就労移行支援事業所のお世話になりました。そして、第2章のコラムに寄稿してくださった恒川先生の認定こども園で働きはじめたのは、2021年の3月のことでした。

社会人❸　再び、社会に出る

２０２４年８月５日は、次男侑生の33歳の誕生日でした。高校を卒業し、障害者雇用で10年。一生懸命に真面目に働き、貯めたお金で家を建て、職場から特性の理解を得られず転職して３年。現在は、認定こども園の用務員をしています。

６時間雇用から始まり、半年後には、ほかの職員の見本になるからと、８時間勤務になりました。上手に話すこと、器用にコミュニケーションをとることはなかなか難しいですが、真面目に誠実に働くことが認めてもらえたことは、本人の励みになっています。

私は息子の生き方から学びます。

本当に子どもから学ぶことは多く、わが子に生まれてきてくれたことへの感謝は尽きません。本当にありがとう！

用務員として週５日働いています。

たくましく成長した侑生さん

中学校担任／沖田典子

「クリスマスの集いの前日、とてもうれしいことがありました。ツリー飾りと三角帽子を作ったときのこと。それぞれが自由に作り始めた三角帽子ですが、なかなかうまくいきません。でも、そのうち侑君の帽子が形になってきました。すると、周りの子たちもそれをまねて作り出したのです。そして、それをきっかけに、お互いに教え合ったり、侑君に尋ねたり……。何とかみんな帽子の形になりました。飾りの雪ウサギも、侑君のアイデアを生かし、みんなそれぞれに綿を丸めて作りました。クラスのみんなの『響き合い』を感じたひとときでした。そして、みんなで勉強するということ、学校や学級で共に生活することの意味、いろいろなことを思い、うれしくなりました。」

これは、2006年12月、侑君が3年生のときの学級通信の一部です。

特別支援学級は、異学年の子どもたちで生活します。子どもたちはそれぞれ素晴らしい力をもっていて、さまざまな体験や挑戦を通して、悩み、泣き、喜び、悔しがり、そして笑ってともに成長していきます。中学3年間で、侑君はたくましく成長し、クラスのみんなに頼られる存在となったことをうれしく思いました。

　私ともう一名の担任による、叱咤や激励、そしてたまに称揚。お母さんからは、「先生方は侑生が生きてきたなかで一番の悪人かもしれません」と言われたことがあります。また、「周りに『いい人』がいるようにセレクトして配置してきた」という言葉も印象的でした。侑君は純粋で人を疑わず、私たちに出会うまでは、「みんなが優しい人」だと思って過ごしてきたようです。ゆえに、私たちとの出会いは、世の中には自分を叱る怖い人がいるという衝撃的な出来事だったのではないでしょうか。入学当初は、そんな学校生活に悩んだ時期もあったかもしれません。しかし、3年生になると、ちょっとのことではへこたれないたくましさが出てきたのです。

　子どもたちは、無限の可能性を秘めています。しかし、失敗への不安や自信のなさから、それを発揮できずにいることもよくあります。自分のよさを光らせ、多少のことにもくじけず、たくましく、何より楽しく生活していってほしいと願いながら、ちょっぴり厳しくした3年間でした。

教員から見た侑生さん

愛知県立半田養護学校（現・愛知県立大府もちのき特別支援学校）
桃花校舎担任／端康宏

私が桃花校舎に転勤して2年目に侑生くんのクラスの担任をさせていただきました。

どんなときも素直な彼のコメントにはいろいろ助けられた記憶があります。我々は何かと周りの状況や雰囲気に気遣い、心にもない言葉や態度を取りがちですが、侑生くんのストレートな発言はすごく新鮮に思えたことを思い出します。

それと、私には今も気にしていることがあります。卒業学年になり、いよいよ進路を決定しようとする時期に就職先の候補が二つあり、どちらが彼にあっているのか、どちらを進めていくかで悩んだのを思い出します。

彼は真面目で決められた仕事は責任をもって丁寧にやれます。どちらの会社にも自信をもって送りだすことができたのですが、確実性を考えると、早期に採用の有無を判断していただける会社にお願いすることになりました。仕事は慣れたら満足できるだろうし、働く喜びに繋がっていくと思いましたので、選択としては間違ってはいなかったと思います。職場環境は実際に勤めてからしかわからないこともあるので、どちらの選択が良かったのかはわかりません。もう一方の特例子会社も職場環境や職場の仲間が私には魅力的に思えました。しかし、正式採用の通知が出る時期が遅く、もし採用に至らなかった場合は進路が決まらないまま卒業を迎えてしまう危険がありましたので、断念するしかなかったのを覚えています。

彼を理解してくれる職場の人が身近にいて、彼が気兼ねなく過ごすことができる職場を理想に考えていましたが、今思うと、彼を理解してもらいたいと思う気持ちは他人任せでした。やはり、一番に考えるべきは彼がどれだけ普段の自分でいられるかということではなかったのかと考えてしまいます。

社会人になってからずいぶん時が経ちました。学校のような限られた・守られた環境ではないために、周囲から色々な誘いもあるのではないかと思います。たとえば、侑生くんの興味のありそうなアニメから無理に投資などのよからぬ誘いがあってもおかしくないと思います。いくら人を見る目があっても、相手はプロ中のプロなので、侑生くんの自尊心を利用して、契約にもっていくなどお手のものだと思います。自分ひとりで解決せずに、たくさんの信頼できる大人に相談してほしいです。

医師から見た侑生さん

プリズムベルクリニック医院長／早川星朗

池田ファミリーとは20年ほど前に出会いました。当時、私は小児科の医師で、発達障害の外来を担当し始めたばかりで、いろいろなことを池田ファミリーから学ばせてもらいました。20年経った今だからこそ、あの時代に池田ファミリーが目指していたことの凄さが、よくわかってきました。みなさん、それは何だと思いますか。

私が池田ファミリーから学んだのは、発達障害をもつお子さんを、「普通にしよう」「治そう」とはせずに、お子さんの願いをどうやって叶えるのかという視点から支えていくという姿勢でした。自閉症らしさも、それ以外の侑生さんらしさも丸ごと受け入れるという姿勢です。これは、なかなかできることではありません。お子さんのもつ苦手さや違いは目につきやすいのですが、長所や強みもきちんと見ることは、決して簡単ではないからです。

最近では、医師が診断すると自宅での手だてを伝えずに、単に「療育に行きましょうね」となって診療が終わってしまう医療機関があると聞いています。また、早く「普通の子」にして、早く保育園に入れなきゃいけない、という視点で訓練をしている療育施設が少なくないようにも感じています。

自分らしく生きようとすると、あるいは自閉症らしく生きようとすると、生きにくいと感じてしまう今の日本の社会では、普通のふりをしていくしかありません。これを「カムフラージュ問題」といいます。お子さん自身が納得していないことでも無理に周囲に合わせようとして疲弊してしまいますし、周囲に合わせる技術を使うたびに、自分は「普通にできない」だめな存在だと思ってしまうお子さんもいるのです。

自閉症の特性をもつ人は、基本的にはルールなどを守ろうとする気持ちが強く真面目な人が多いです。そのために、「～しなければならない」ということばかり教わりすぎると、いつしか自分の願いや希望を忘れてしまいます。英語のｍｕｓｔに縛られてしまっています。ですから、「どうなりたい？」「どうしたい？」ということを、周囲から聞いてもらえない自閉症のお子さんが少なくありません。

ところが、今回この本でわかったように、池田ファミリーは、侑生さんが25歳の頃から、侑生さんの「自分のお家を建てたい」という願いに向かって、家族が協力されています。これはなんと素晴らしいことでしょう。ちょっと考えると、家を建てるなんて無理だよ、と言ってしまいそうです。しかし、そのような考えは全くもたれることなく、侑生さんの夢を応援し続けてこられました。この夢を達成されたことももちろん素晴らしいのですが、この夢を宣言された時点で、「無理だ」などと言って夢を踏みつぶさなかった池田ファミリーが、素晴らしいのです。これが、私が池田ファミリーから学んだことです。本当にありがとうございます。

第4章 家族のかかわり

家庭で無条件に認められること

侑生

僕の家族は、僕を、見たことない場所や見たことない建物、不思議で真っ暗な洞窟、湖や川のあるキャンプ場、気がついたら幻想的な所に連れて行ってくれます。

小学生のとき、先生に怒られて学校に行けなくなった僕。母が先生と話をした途端優しくなったので、学校に行くようになったことがありました。楽しいクラスになってから、さらに学校に行くようになりました。

中学生のときに学校で先生に思いが伝えられず、心がボロボロになりながら涙を流したことがありました。そんなときに、母が優しくしてくれました。

高校に入ってからは、僕の就職に向けていろいろ準備してくれました。働く場所への行き方も、案内しながら教えてくれました。

社会人になって、年末や夏休み、必ず旅行に誘ってくれるので、毎年の楽しみがあふれています。一人暮らしをしていても、週に2日ほどは、晩御飯をつくってくれます。

僕の描く絵は、最初は「カービィ」系、「ポケモン」系、「デジモン」系で、後に僕が想像力や知識をもって描いたオリジナルキャラクターのことを、家族は「上手」と褒めてくれました。特に僕が描いた絵のなかに「平和」が、込もっていると尊重してくれます。最近気に入った「魂」と「心」と「絆」を込めて描いた絵もそのまま尊重してくれました。

そして、僕が小旅行をすることを応援してくれています。

きっかけは、母が連れて行ってくれた名古屋市の「キャナル・リゾート」でした。そこには岩盤浴とサウナ施設があり、そこで汗を流すことが楽しくなりました。さらに僕の好きな漫画がたくさん飾ってあったのでかなり気に入り、他にも似た場所があるのか探して小旅行するようになりました。家族も「楽しんできてね」と応援してくれます。

僕が描いた絵は、「魂」「心」「絆」「愛」「粋」「平和」「知恵」「勇気」が込められているので家族は尊重してくれています。それを描いて、みんなが見てくれることで世の中が少しでもよくなるように祈っています。僕は、それらを込めて絵を描き続けていきます。

子どもを育てる営み

子育てには、どんな子どもに育ってほしいのかという「願い」が必要、というか大事だと思っています。

私は、子どもたちが産まれ落ちてきたときに、「社会の役に立つ人間に育ってほしい」という、それだけを思いました。そして、「20歳になったときに、人が困っていたら、助けずにはいられない子どもに育ってほしい」を子育てのテーマにしました。

そのためには、自分で考える力を養うことが大切だと考えます。なので、「もっと勉強しなさい」とか「◯◯をしなさい」ということを子どもたちに言ったことはありません。どんな行動も（ときには大人の目からは失敗に映ることがあっても）決して考えなしに叱ったりせずに、子どもの行為を認め、行動の動機が思いやりの気持ちであれば、たとえ失敗しても、失敗と捉えず、大いに褒めてきました。

最近は、「叱る」ことを「大きな声で脅して子どもを萎縮させること」や、言葉で「ごめんなさい」を言わせることだと勘違いしている親や支援者が多いと感じています。「褒めること」と同様に、何のために叱るのかをわかって「叱る」ことが大事です。けれど、その「叱る」目的は、「しまったなぁ、こんな後味が悪いことはもう二度としたくないなぁ」と、その子が思えばよいことであり、それを伝えるのが支援者であり、親であると思うのです。

また、叱られ慣れている子どもが多すぎる気がしています。言葉を発する自分（親）たちが、「叱る」ということの本当の目的を理解することが大事です。自分の言動が子どもの育ちにどう影響していくのかがわからない人たちがあまりに多いように思います。そういう私自身も、日々内省していかないと同じになってしまうのですが……。

私は、次世代を担う大事な命を大切に育てているのだと、息子と向かい合い、「祈り」ながら、息子たちの命を尊重しながら子育てしてきました。親ばかですが、息子たちはとってもいい人間に育っていると思っていて、息子たちにかかわってくださったすべての人に感謝しています。

息子たちには、「人の役に立てる人間になれること」を願い、かかわってきましたが、それだけで、まっすぐに育って、勉学にも勤しんでくれるのだから、やみくもに、あれやりなさい！　これやりなさい！　もっと、こうなりなさい！　ああなりなさい！　と言う必要はないのだなぁ、と思っています。

言うのは、「言った」という親の満足でしかない！「親は子の鏡」であり、「子は親の鏡」。本当にそのとおりだと肝に銘じています。

親として育つことの意味

私は、侑生の障害である自閉症を親しみを込めて、「自閉ちゃん」と呼ぶことがあります。侑生は、自閉ちゃんだけど、とても思いやりのある息子です。私はこの子のおかげで成長したと確信をもって言うことができます。

子どもたちを育てることで、人を愛することも学びました。愛おしいという気持ちも、しっかり自分で感じられたことに感謝しかありません。

子育てというのは、本当に素敵な営みです。私にとってはすべてなのでした。そして、「障害のある子どもの子育て」なんていうものはないのです。みんな同じ命だから、と思える社会にしたいと思っています。

「子どもと一緒」も自分の人生

「子どもがいると自分の時間がない」ということをよく聞きます。でも私は、子どもと一緒の時間を「自分が自分になれる時間」だと思って過ごしてきました。

わが家は夫が育児に関心がなく、自分が働いた分は自分の趣味に使ってしまうので、子育てをするには、どうしても私が働かないといけません。なのに、障害のある子がいると働くことができないし、子どもが熱を出したときは言わずもがなです。もちろん、ジレンマはあります。でも、病気のときだからこそ、子どものことだけを考え、子どもと一緒に過ごすことができました。病気をしている子どもには申し訳ない思いもわきましたが、病気のときは、母として、無条件で一緒にいられる貴重な時間でした。

そんなことを思い出しながら、子育てしているお母さん方に「子どもが子どもであってくれる時間を大切にしてね」といつも私は言うのです。

子どもが障害をもって生まれなければ、世の中の矛盾（人は平等といいながらマイノリティには厳しいこと）には気づかなかったでしょう。子どもと一緒に歩んでこられた人生は宝物です。ただひたすら、子どもと子どもの環境を整えることに悩んで進んできました。それが人生に色があった時期と思えるのです。

子どもたちとのエピソードを紹介します。

２００７年５月、長男17歳（高校２年生）、侑生15歳（高校１年生）のとき、１日前から家を留守にしていた私が帰宅すると、息子二人から、「はい」と手紙を渡されました。

「お母さんへ

お母さん、僕を生んで、育ててくれてありがとうございます。
僕は、こんなに幸せな家族と出会うことができて、とても幸せです。
これからもいろんなことがありますが、協力し合い仲良くやっていきましょう。
まだまだ未熟な僕ですが、よろしくお願いします。

それから、息抜きも大切ですし、しっかり睡眠もとって、頑張ってください。

晃汰より」

「お母さんへ

ぼくを生んでくれてありがとうございます。ぼくは、お母さんのもとで生まれてとてもしあわせです。これから先もよろしくお願いします。

侑生より」

その日は母の日でした。

さらに2年後、2009年5月、長男19歳（専攻科1年生）、侑生17歳（高校3年生）のとき、こんなこともありました。

前日から発熱していた長男が平熱に戻り、用事で留守にしていた私の代わりに、侑生が（私が用意しておいた）昼食を2階の長男の部屋に運んでくれていました。何だかほほえましい出来事でした。

この日も手紙をもらいました。

「お母さんへ

いつもありがとうございます。
母の日ってことですが、今日は特に何もしてあげられなくてすみません。
自分もこれからどんどん忙しくなってくると思いますが、みんなで支え合っていきましょうね。そして、長生きして下さい。この先もずっとお母さんが必要なんだから。
まだまだお世話をかけますが、これからもよろしくお願いします。

晃汰より」

侑生からは、学校で「母の日の製作」という課外授業に申し込んで作ってくれたきんちゃく袋と手紙をもらいました。

「お母さんへ

いつも、ぼくを育ててくれてありがとうございました。
これからもよろしくおねがいします。

池田侑生より」

本当にうれしく、この子たちの母でよかったと思ったエピソードです。
侑生の「ありがとうございました」って過去形のところが、何とも言えないのですが……。

このような素敵な子どもたちに「おかえり」を言いたくて、自宅裏に音楽療法教室を開いたこともありました。

子どもへの感謝を込めて、ＰＴＡ会長を引き受けたこともありました。
「子どもと一緒」も自分の人生。
保護者のみなさんが、心からそのように思ってくれることを願ってやみません。

自分の人生に誇りをもって生きる

次男の子育て時期には、今と比べて世の中の障害福祉サービスは乏しく、ましてや、発達障害のある子どもに特化した支援は地元には全くありませんでした。

２００８年3月、ある日ふと思い出したことがありました。このとき、息子の発達が遅れていると診断されてから、早14年が過ぎようとしていました。診断を受けた頃は、地域に発達障害を診ていただける医療機関も訓練機関もありませんでした。そのため、名古屋、遠くは大阪、神戸、東京に息子を連れて行き、診察や親向けの研修に出かけて手探りで子どもを育て、その頃には、胸を張って（笑）、わが子が自閉症だ！　と言えるようになっていました。

ここで思い出したのは、診断を受けてすぐの頃、診ていただいた先生とのやり取りです。先生に私はこう言いました。

「先生、私、ここに引っ越したいと思います」

医療の遅れている（ように思えた）東三河の地で障害をもつ子どもとともに暮らしていく自信がなかったのです。

そして、その先生は私に、静かにこう言いました。

「お母さん。お母さんが地域をつくっていくんですよ。ここに生まれてよかったって言える地域を。自分がつくっていくんですよ」

その言葉を帰りの電車のなかで何度も繰り返し心に刻み込みました。

その後は、わが子だけではない、多くの子どもたちのことを純粋に考えているうちにさまざまな出会いがありました。そのどれもが不思議なめぐり合わせに感じました。地域も教育も変化してきているので、これからの良い環境に期待して、まずは、自分のできることをしていこうと、この日のことを心に刻んだのです。

いかに死んでいくか

私は、エンディングノートを書いています。障害のある息子が、私がこの世を去ったその先も生きていける道。それは何なんだと考えたとき、これまで一生懸命生きてきた最期は、有料老人ホームに入って、思いっきり人の世話を受けるというのもありなんじゃないかと考えました。グループホームを望まなかった侑生がそれを望むのかどうかは別にしても、本人に提案してみたい一つの案としてもっています。

とはいえ、この提案はもう少しだけ先のことです。
ここでは、エンディングノートについてふれておきましょう。

わが家には「もしもの時に役立つノート」として

「晃汰くんへ
侑生くんへ
池田信子　死んだらすぐ読む‼」

と書いたエンディングノートが、遺書と並べてわかるように置いてあります。

内容は、一般的なエンディングノートにあるような項目で、「資産について」「（死んだことを通知する人の）連絡先」「葬儀について」「相続・遺言（遺言書としては別に封をしてはありますが、もう少し詳しく書いてあります）」などです。まだ、先に書き換えることも考えていますが、今のところ、亡くなった後のことは、「大学病院への献体（火葬まで済ませてくれるので葬儀はしません）」、「お別れ会」、お骨が戻ってきたら「①永代供養、②樹木葬、③散骨（ここはまだもう少し悩みますがいずれか）」という流れを考えています。いずれにしてもお墓は残さない予定です。これは、今の時代だから、ということではなく、次男への負担を軽減するためにも、診断がついたときから考えていたことです。そのことは、長男には伝えてあります。自分の家庭をもった長男が、地元に残ることを念頭に自分の人生を描くことが負担に

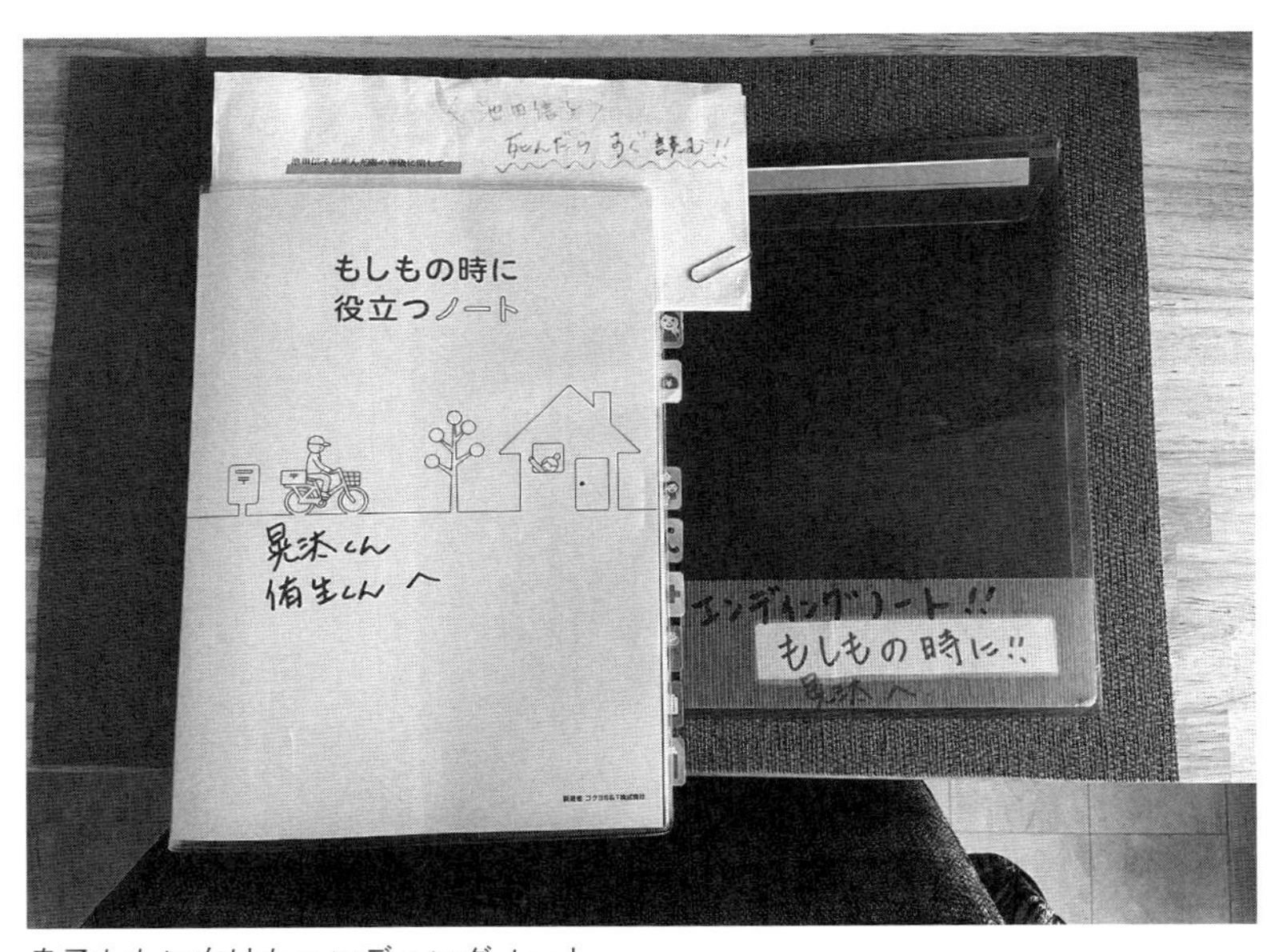

息子たちに向けたエンディングノート

なるのを避けるためでもあったのですが、今となっては、自分の暮らしやすい地域で住むと決めたようなので、よい選択だったと思っています。

財産については、懇意にしているファイナンシャルプランナーに相談し、十分な資産として残せるようにしています。あとは、侑生の個人年金への加入です。侑生は厚生年金をもらう前に仕事を辞めることになっても、その後の生活が不自由なく過ごせるようにはしています。

エンディングノートには、各連絡先（保険、司法書士、税理士など）を記したり、さまざまなものの整理がしやすいように、記入してあります。エンディングノートが機能し、私がこの世を去るときに、家族に大きな混乱がなければよいなと思います。

私は、70歳までは、今のままの働き方をしていく予定です。病気になったりしなければ、70歳からは、私自身、違った生活をしていきたいと考えています。これはかりはわかりませんが、少しずつ身辺整理をしていくつもりです。

兄・晃汰

障害のある弟と過ごした日々

僕は発達障害のある弟と、社会人となって離れて暮らすまでの20年間を一緒に過ごしてきました。発達障害は生まれながらにしてもつ脳機能の発達に関連して起こる障害です。しかし、幼かった僕は、弟の発達障害について何も知らなかったのです。

弟は、〝超〟がつくほどの多動で言葉の発達にも遅れがあったと母から聞きました。

そんな弟と一緒に出かけたり遊んだりする一環として、施設や病院めぐりをしていたことを今でも覚えています。弟とは何をするにもいつも一緒だったのです。弟と一緒に施設や病院めぐりをしながら、弟と同じ発達障害のある子や身体障害の子など、いろんな背景をもつ友だちと幼い頃からかかわる機会が多い環境にいました。

弟や親の周りにいる大人たちは、発達障害や身体障害などの障害に対して、今後の不安やネガティブな想いなどをもち、それぞれの価値観があることを幼いながらも感じていました。けれど、当時の僕は、発達障害や身体障害について何も知らず、障害特性があったとしても、「障害のある子」ではなく、「○○くん」「○○ちゃん」というように、ありのままの姿を見ていました。それが障害ではなく「その子の性格なんだ」と。

なぜなら、幼い僕から見る弟は、「発達障害のある弟」ではなく、「僕の弟」だからです。幼い頃から障害のある方々とかかわってきたことで、その考え方が僕の障害者観となっています。障害のあるなしにかかわらず、その人の「本来の姿」と向き合うことが大事であることを弟から学びました。だからこそ、社会がもつ偏見や差別といった概念が僕にはありません。障害のある児・者を見るときの考え方として、障害＝本人ではないからです。

弟はとても素直で真面目で誠実な人です。素直すぎて、人と話すときの言葉選びにヒヤヒヤすることも多々ありました。発達障害の特性として、こだわりが強かったり、人付き合いが苦手だったりといわれますが、それも弟の性格です。

コミュニケーションが苦手な弟は、会話の途中で言葉がどもってしまい、会話を遮られるとパニックになることがよくあります。そのたびに会話が成立できずにストレスを抱えてしまう弟を何度も見てきました。また、弟との会話を大事にしている僕にとっても複雑な感情でした。今では兄弟として会話もたくさんしますが、当時は弟が何を感じ、何を思って生きているのか本当の意味ではわかっていませんでした。

そんなある日、弟が4コマ漫画を描いたり、被災地へのメッセージを絵にして弟自身の想いを僕に教えてくれたことがありました。なかなか言葉にして自分の気持ちを表現しない弟の想いを知ったときは、とてもうれしく、心のモヤが晴れたように感じました。同時に、弟の「好き」や「得意」なことを知るきっかけにもなりました。

今までは一方的に話しかけたり、ゲームをしているときに横でニコニコしたりしている姿を見て、勝手に「好きなんだろうな」と思っていたのですが、弟から実際に伝えてもらうことで、本当に好きなんだと知ることができました。最近は、自分の言葉がうまく伝わらないと感じたら、隣にいても携帯電話のメッセージ機能で伝えてくれたりしていて、弟なりに工夫しているのかな、自分自身と向き合っているのかな、と弟の成長をうれしく思っています。

発達障害のある弟と幼い頃からずっと一緒に過ごしながら、同じように障害のある子や親とかかわっていくなかで、いつしか「人の役に立ちたい」という想いが強くなりました。弟と同じ境遇にいる方々が生きづらく苦しい想いをしていたことを幼いながらも感じとっていたのだと思います。弟の障害は、病気のように治療してよくなっていくものではありません。生涯付き合っていくものです。きょうだいとして弟と過ごしていくなかで、発達障害が社会から見て弱い立ち位置にあり、差別や偏見を受けていることを知りました。

それは、僕が小学校6年生になった頃でした。弟が小学校5年生となり特別支援学級に通う頃、「あそこは特殊な子たちが集まるクラス」と友だちから言われ、弟は周囲から浮いていました。そのため、他の子と違うためにいじめられたのです。それは、僕にとって初めての経験であり、怒りや悲しみを感じました。それまでの家族という社会の中では、ありのままの弟とかかわっていたため、それが弟だと思っていました。しかし、家族の外の社会では、弟は変わり者であり、変なやつだったのです。

そこで、少しずつ、弟の背景にある発達障害が受けているスティグマ(偏見・差別)について知っていくのです。当時の僕は、弟自身を否定されていると思い、悲しく怒りを感じていたのだと思います。しかし、弟がスティグマを受けているのではなく、発達障害がスティグマを受けている、と今ではそう考えることができ、心が少しだけ楽になりました。

僕が小学校2年生のときに書いた「みんないっしょだよ」という作文があります。そこでは、身体障害や知的障害があっても命があることはみんな一緒であることを書きました。今の僕から俯瞰的に見ると、みんながもっているその命が本人そのものを意味していて、一人ひとりの価値は下がらないことを「みんないっしょだよ」と表現していたのだと思います。それが、当時7歳の僕が社会的スティグマを意識するよりも前から、きょうだいとして抱えていた想いだったのです。

大人になって考えること

僕が通っていた高校の看護科は、専攻科もある5年間の一貫校だったため、20歳のときに大学病院へ就職しました。それから、現在に至るまでの15年間、弟とは離れて暮らしています。実家から離れることで、きょうだいとしての僕について俯瞰的に見ることができるようになり、自分自身と向き合うことが多くなりました。それと同時に、親亡き後のことも考えるようになっていきました。

はじめに、地元を離れることで僕の立ち位置が変わりました。それは、きょうだいとしての僕ではなく、「本来の僕」として過ごすことが多くなったということです。弟と一緒に過ごしていたときは、発達障害のある弟の兄として、「よい子でいないといけない」「迷惑はかけられない」という想いが強くありました。幼い頃、一緒に出かけるたびに、「お兄ちゃんは偉いね」「お世話して偉いね」とよく言われました。それから、発達障害のある弟の兄として、「よい子」でいることへのしがらみが出てきました。なぜなら、家族という社会の中にいた僕は、社会から見ると発達障害のある弟の兄という立ち位置で見られていたからです。

社会人となり、福祉の学びを経て、「きょうだい」という言葉に出会いました。障害のある児・者の兄弟姉妹をひらがなでこのように表現します。そして、社会にはきょうだいがたくさんいるのだと知りました。日本福祉大学大学院で、きょうだいとしての当事者研究を行い、その後もきょうだいとして講演活動をしていくなかで、友人や職場の同僚から「実は私も発達障害の兄がいます」「実は３つ下に知的障害の弟がいます」などと、僕のところに声がかかるようになってきました。

声をかけられた僕は、その方々がきょうだいであるということを言われるまで知りませんでした。なぜなら、社会にはたくさんのきょうだいたちがいるのに、その人がきょうだいであることが見えづらかったからです。それは、きょうだいは社会に出ると、障害のある児・者が家族にいることを隠して生きていく傾向があるためです。そのため、きょうだいであることが見えづらかったのです。

そして、障害のある兄弟姉妹に対して悩み、誰にも相談できず、「生きづらい」という声もありました。僕にとっては、とても驚いたと同時に、きょうだいたちへの支援を必要としている人がこんなにたくさんいるのだと確信した出来事でもありました。

弟をはじめ、障害のある児・者に偏見や差別なしに寄り添っていきたいという想いから、看護師になって今年で15年。また、きょうだいとしての想いを講演会をとおしてお話しさせていただき、悩みや不安を抱えているきょうだいやその親へのケアにつながることを願って活動を続けています。そして、今では一児の父として家庭を支えており、命のバトンを引き継いでいます。

どの立ち位置でも、僕が大切にしていることは、「自分らしく生きる」ことです。これは、僕が大好きな弟と過ごしていくなかで学んだ生き方です。

弟がいてくれたからこそ、今の僕がいます。弟は僕の人生においてかけがえのない存在です。

真面目で実直な侑生さん

相談支援事業所あかね荘センター長／鈴木巳浦

相談支援専門員の私が侑生さんと出会ったのは2007年でした。そのとき、彼は高校生で当事業所が運営する知的障害者テニススクールにヘルパーと参加していました。印象深かったのは、テニスに来るたびに休憩中に自分の描いた作品を見せてくれたことです。

月日が経ち、高校を卒業する際に、彼からテニススクールに次のような申し出がありました。「ぼくはもう今日から社会人なので、これからは一人でテニスに参加します」と。当時から、しっかりと自分の方向性をもち、趣味も自分なりに楽しめている印象でした。

そんな侑生さんが、会社に勤め始めて9年目の頃です。はじめて私に弱音を吐いてくれました。「仕事で嫌なことを言ってくる人がいる」と。

内容を確認し、勤務先に掛け合いましたが、障害者支援への理解が乏しく、職場に相談員が入ることを断られてしまいました。これ以上つらい思いをしながら働くことは本人のためにならないと判断し、しっかりと話し合い、勤続10年で退職することにしました。

その後、就労移行支援事業を利用し、就労訓練に休まず取り組み、現在勤めている認定こども園への就職が決まりました。

就労移行支援事業所が彼の特性をしっかりと理解し、本人にとってわかりやすい視覚支援（視覚で作業の流れが捉えられるマニュアルの作成）の効果もあり、すぐに園での掃除や事務作業をこなしていくことができました。今では、そのマニュアルをベースに、新しい作業の追加や組み合わせをするなど、自分なりに工夫しているようです。

今でもテニスには積極的に参加してくれており、私が出会った頃、手描きだった作品は、いつのまにかパソコンを使って描くものになり、なんと、その描いたキャラクターを動かすようなおもしろいこともやってくれて、参加者を楽しませてくれています。

これらのエピソードから、侑生さん自身の性格もさることながら、これまで彼に寄り添い、一番の理解者であり、ときに厳しさもある親御さんの、とりわけ、彼の可能性を信じ、「自立」を陰日向となり支えてきた母・信子さんの思いが、真面目でどんなことにも実直に取り組み、挨拶や感謝の気持ちなどを相手に伝え、気配りができる、そんな素敵な青年を育て上げたのだと思います。

マニュアルを確認しながら掃除をする侑生さん

第5章 家を建てた後のこと

生き続けるために

僕は家を建てた後、今も働き続けています。

家を建てた後、結婚はどうするか……。もちろん、するつもりです。早いうちに結婚するのか、それともこれから先になるのか、すべては僕次第だと思っています。

結婚に関しては、絵に関する趣味が合うこと。

相手の気持ちをわかるほど優しい夫婦になりたいと思います。

老いてからはどうするか……。もちろん、絵を描き続けます。

僕の祖父が亡くなったとき、僕も驚きました。いとこたちも祖母も涙を流し、悲しんでいましたが、祖父の最期は周囲の人に元気を与えていました。

そんな自己有用感のある祖父のことを誇りに思います。

僕は、子どもの頃から「顔が祖父に似ている」とよく言われていたので、僕の自己有用感は祖父からの遺伝だと思います。

これからの自分の未来は、「生きることを考えること」。

それが僕の自分らしく生きるための提言です。

今は可能な範囲であれば徒歩や自転車で行けますが、できたら車の免許を取ってみたいと思います。

親が死んでしまったときは、亡き親の分を込めながらいつもどおりに精一杯生きていこうと思います。

僕の兄は今や結婚し子どもができたので、できる限り自分自身の力で解決していきます。

侑生の家は建ちました。

侑生30歳。２０２１年11月のことでした。

設計士の尾崎さんとの初めての話し合いが２０１６年10月ですので、まさに「念願のマイホーム」と呼ぶべきでしょう。

だというのに、侑生は、この新たな自宅を「別邸」と呼び、隣に建っている私の自宅を、「実家」と言います。その表現を聞いたとき、思わず笑ってしまったのですが、本人のなかでは、実家から自立したという気持ちの表れなのだろうと思いました。しかし、侑生の生活はすべて一人だけで成り立っているわけではありません。私は、自閉症のある侑生にとってはすべてを自分一人だけで賄うことが自立ではないように思います。

確かに、侑生の家は建ちました。侑生が自立という夢を実現するために、自分のお金と他者の助けによって建てた家です。でも、それは、これからも生きていく、いいえ、生き続けていくうえでの、人生の大きな節目ではありますが、ゴールではありません。この先、親の私が死んだ後も、命ある限り生き続けていくのです。

そのために、侑生も私も考えます。

運転免許、結婚、老後の暮らし……。考えるべきことは、たくさんあるのです。

身分証明のためだけなら、運転免許はいらない？

ある日、侑生が自分で交通規則のテキストを買って、一生懸命勉強していました。「車の免許を取るから勉強しているんだ」と言いました。その姿を見て、やはり挑戦したかったのかと胸が痛くなりました。

侑生の高校卒業時、自動車免許を取得すべきか考えたのです。私たちの住む地域は、大人の生活には車が必須だからです。

侑生なら、おっちょこちょいの私よりもずっと慎重で丁寧な運転をするだろうし、試験も頑張れば合格できると思いました。母としては、免許を取らせてあげたい。けれど、何かあったときの交渉や、想定されるトラブルにすぐに対処できるのだろうか。さらに、卒業した後、就職までの日程では自動車学校に通う時間が足りないし、働き始めた後で二つのことを同時に進めていくことは難しいのではないかと考え、私がいろいろと心配するなかで、特に侑生から何も言われなかったので、まだタイミングではないと決断を見送りました。

そして2020年3月、侑生が28歳のとき、「精神的に無理」と言って、もう会社に行けないと退職し、就労移行支援事業所で人生のやり直しをしていたとき、侑生が一生懸命勉強をしている姿を見ました。もし、自動車学校に通うなら、今通ってもいいなあと考えていたのですが、そのタイミングで再就職が決まり、その後、侑生は勉強をやめてしまいました。どうしてあのときに勉強をしていたのか、そしてその後あきらめた理由は、今もよくわからないままです。

結婚はどうする？

長男は32歳で結婚しました。侑生が人生の手本としている兄の結婚です。それはそれは、大喜びでした。

侑生は、20歳の頃、唐突に「僕は結婚できるのかなあ」と言っていました。彼の深い気持ちを聞かずに、今まで来ていますが、本当はどんなふうに考えているのだろう、どんな思いでいるのだろうと、いつも思っています。

結婚生活は、一人でいるより、もっと人間関係が複雑になって、隣近所との付き合いも然り、社会的に背負うものもたくさんあります。自分の趣味が確立していて、一人で楽しく人生を終えるのも、いいのではないかとも思っていました。それでも、侑生の人生の主人公は侑生自身です。侑生を大事に思ってくれる人がいるのなら、それもいいかな、素直な子だったらうれしいな、外国ルーツの子との生活なんてどうだろう、なんて思ってはいますが、彼は結婚をどのように考えているのでしょうか……。

侑生は侑生の人生を歩むことを権利として行使すればよいと思います。長男に対しては、（もちろん、幸せであってほしいことは大前提として）困難があることも含めて自分の選択だと思えるのですが、侑生に対してはそこまでの覚悟が私にはありません。だから、「結婚」というのは、この先も継続していくテーマです。

老いてからの暮らしはどうする？

私が親として、侑生の終の棲家として考えているのは、有料老人ホームです。

今は一人で暮らしていて、いけるところまでは自分らしく暮らしていけばいいですが、この先、本当に自分のことができなくなったら、最後は社会資源のお世話になってもいいのかなと思っています。

家を建てたときに全財産を使ってしまいましたが、そこからまた貯めているお金と、私が残す財産をもとに、高齢になったときの入所先を、本人の気持ちを聞きながら考えていこうと思っています。

後見制度は、使わないつもりでしたが、今は、親族後見人でよいかと考えています。長男が結婚して子どもができたときに初めて、私の死後の侑生の具体的な今後のことを話しました。

長男には「自分の今ある家族を最優先してね」とだけ言いました。あまり早くから長男と後見などについて話さなかったのは、長男には長男の思いや考えがあるので、それを温めて自分の考えとして決断できるときまでは、伝えなくてもよいかなと思っていたためです。

しかし、長男はきょうだいとして、私が考えるよりはるかに達観して捉えていることを知りました。いつ頃かはっきり覚えていませんが、長男が就職して帰省したときに、私が「子どもが好きだから、本当はもっと子どもがいたらいいなぁって思ってたんだよね」と言ったら、「そうだね。侑生みたいな弟が何人かいたら面白くてよかったよね」と答えたのです。私は「えっ!?」と思いました。障害のある兄弟がいると苦労するだろうと産み控えていたのに、そんなふうに思える長男はすごいと思ったのです。

何かあったら助けるという程度でよいと思っています。ちなみに相続のことは、すでに長男には話をしています。

「もし生まれ変われたとしたら……」の発言の奥にあるもの

毎年、夏に沖縄に行っています。ある夏、中部国際空港へ向かう電車の乗り換え駅で、高校生が数人で楽しそうに話しながら歩いていました。

それを見た侑生が「もし生まれ変われたとしたら……」と言いました。生唾を飲み込むとはこのようなことをいうのか、というくらい、その瞬間は時がゆっくり過ぎるように感じました。しばらく、侑生の話す言葉を待っていましたが、何も言わないので、さらにしばらく待つと、ゆっくりと出てきた続きの言葉は、「違う高校に行ってみたい」でした。

私は言葉が出ず、考えてしまいました。電車が来て、乗り込んだ後、私はこう尋ねました。

「侑くん、さっきのことなんだけど。もし生まれ変われるとしたら、『違う高校に行ってみたい』って言っていたよね。あれは、どんな気持ちだったのかな？　と思って」

「う〜ん。……そう思っただけだよ」

侑生はそう言いましたが、言葉にして表現することが難しい彼にとって、その思いの深いところに何かがあるんだろう、と思った瞬間でした。

「生まれ変われたとしたら」というのは、「障害をもっていなかったら」ということなのかな? と思うと、切なくなります。いつもいつも、「今が一番人生で楽しいとき」と言う侑生が初めて口に出した本音なのかもしれません。

自分の未来「死ぬことを考える」「生きることを考える」

元号が令和に変わる頃(侑生27歳)から、私の父(侑生からすると祖父)が、透析生活になりました。心臓疾患があり、少しずつ弱っていく姿にふれる機会を、短い時間ですが継続的に与えていくことにしました。

父は、侑生をとても大事に思ってくれていました。自分が幼くして母親を亡くしたこともあり、侑生が、四人いる孫のなかでも他者とかかわり合って生活する能力が低いと心配していてくれたので、私に対して、「親としてできるのは、母親として元気に生きていくことだけだぞ」と言ってくれていました。

侑生にとって少しずつ弱っていく祖父を見たことは、「死とは何か」を考えるよい機会になったと思います。これは27歳という年齢だから、父の死に向かう姿を考える機会にしたけれど、年齢に応じて変わっていくべきものだと考えています。身近な人の死にふれながら、やがて親の死を受け入れ、自分の死を受け入れる営みを理解していくものだと思っています。

息を引き取った祖父に対面したとき、「おじいちゃんはよく頑張ったんだね」と言って、頭をなでていました。そして、斎場で「ぼくは、命があるまで生きるよ」と決意表明するように言っていました。

幼い頃の侑生と祖父

自分が自分らしく生きるための提言

侑生は侑生の命を輝かせて生きること。ただ、これだけだと思います。
侑生にこう聞いたことがありました。

「侑生の宝物って、なあに？」
「うん。希望かな。生きる希望」

これって素敵な答えですよね。

自分の人生を生きる。たとえ、障害をもって生まれてきたとしても、です。そして、親は親として子どもとともに生きていく。つらいときは一緒に涙し、正確な情報をもちながらも、過度な先回りはせずに、素敵な人生を歩めているのかどうかだけを指標にしていければいいと思っています。

「できるかできないか」の視点で子どもを捉えることなく、生きていて楽しいかどうかを担保してあげることだけを目指していけばいいのだと思っています。そして、障害のある子どもをもった親として、自分の人生もしっかり生きていくこと。これが、子どもに対する親の役目であり、子どもの命を尊重することなのだと思っています。

侑生の家は建ちました。この家を建てるという営みのなかでも、いくつものドラマがありました。たくさんの人が侑生に障害があることを知り、そのうえで協力してくれました。工務店の現場監督は、家を建てた後、ゆっくりと丁寧に、家を建ててきた期間の写真を見せながら、思いを伝えてくれました。そんなふうに、息子の人生の傍らにはたくさんの人がいることを、親の私が改めて感じることができました。

障害の有無にかかわらず、ありのままの自分を知ってもらうように生きていくこと、自分を見せていくことこそが、自分が人生の主人公として、生きていくことだと思っています。

「生まれてきてよかった」
「この地域に住んでいてよかった」
「障害をもっていても幸せだった」

そう言える、そんな人づくり、地域づくりをみんなと一緒にできたら、本当に幸せです。どの子もみな、平等に愛され、大事にされていくことを心から願います。

家を建てたことで自立は完成したのではありません。自立を考える過程の一つの節目に、「家を建てる」ということがあったのです。

読者が知りたいQ&A

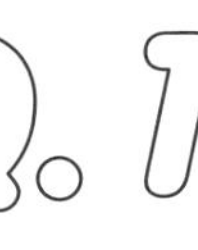

Q.1 家を建てるお金はどうやって準備しましたか？

家を建てるのにいくらくらいかかったのか教えてください。建設費はどうやって捻出したのか、お金のやりくりについて、ローンを含めて気になります。

設計・施工費はほとんど僕の貯金から支払いました。

母

かかった費用の合計は、約1630万円でした。内訳は、施工費約1490万円（うち外構工事費は母屋にもかかるので、128万円は、母信子が支払う）と設計費91万円、その他、地鎮祭、上棟式、火防鎮護などで50万円くらいです。

最初の会社にいたときに貯めたお金（毎月7万円×10年＋ボーナス毎年30万円×10年）と退職金10万円で1150万円、認定こども園で働き始めてからの貯金（毎月2万円×20か月）と年金（7万円×20か月・最初の会社を辞めてから、障害年金を申請しました）とそれ以外の貯金（お年玉や祖父母からのお小遣い、誕生日のお祝いなど）100万円とお祝い金で200万円程度を資金にしました。

ローンは最初から考えていませんでした。障害者だから、ローンが組めないとは思いませんでしたが、借金をしてまで建てるということが、息子の場合は意味がないと思っていました。「自立を考える」ことが目的で、「家を建てること」はその手段だからです。

障害者雇用で十分な給与はいただいており、大きな買い物をするわけではなかったので、十分貯まりました。（母）

お金のことで日常で工夫していることは？

たとえば、現金かクレジットカードかなど、
日常で使うお金について
侑生さんのやり方を教えてください。

ジッパー袋を用いて管理をし、

お小遣いは計画的に使っています。

母

お金のことは、働き始めて最初のお給料をもらったときに、話をしました。今は、「貯金」「交通費」「食費」「共益費」「お小遣い」については、給与が出たタイミングでATMから引き出し、ジッパー袋に分けて、自分で管理しています。一人暮らしをしてからも、管理ができています。自分がお小遣いとした金額以上の買い物もしませんし、余ったら、銀行に預け入れしています。

家族旅行は、母信子がお金を出しますが、お小遣いで入場料を支払うこともあります。障害者手帳で無料になる場所もあるので、一人で出かけるときには工夫しているようです。お土産は自分のお小遣いから支払っています。お出かけをするたびに、職場にはお土産を買っていっているようです。家計に影響しないか不安ですが、誰かのことを思い、喜んでもらえると思って行動していることなので、口出しせずに、見守っています。

2〜3か月に1回くらい、通帳を見せてもらっています。お金の使い方は彼のなかではシステム化されているように感じます。正常にお金を使えているのは、一度決めたルーティーンを守るという自閉症の人の強みだと思っています。（母）

家の中で工夫したところはどういうところですか？

自分の家を建てるときのポイントが知りたいです。
侑生さんの家のこだわりを教えてください。

絵の作業環境を測ってから設計をしてもらいました。

母

本文でも触れましたが、設計士の尾崎さんが、丁寧に、息子の趣味や関心があることなどを聞き取ってくださいました。

侑生の自室の様子や日中の過ごし方、暮らしの動線や願いなどを一緒になってじっくりと考えてくださいました。

作業用のテーブルを中心とした設計で、漫画が好きな息子のための棚があります。そこでは作業ができ、またお気に入りのキャラクターやグッズが置けて、自分の世界観のなかで生活ができています。

家を建てるという工程ではありますが、そこで生活する息子が幸せに生きる、楽しい時間を過ごす、くつろぐ、夢を見る、一人暮らしをするけれど、さみしくならないようにななど、たくさんの生活場面を想定してくださったデザインになっています。（母）

Q.4 次の目標はありますか？

家を建てるという目標を達成した侑生さんの次の目標を教えてください。

次の目標は、もちろん結婚だと思います。

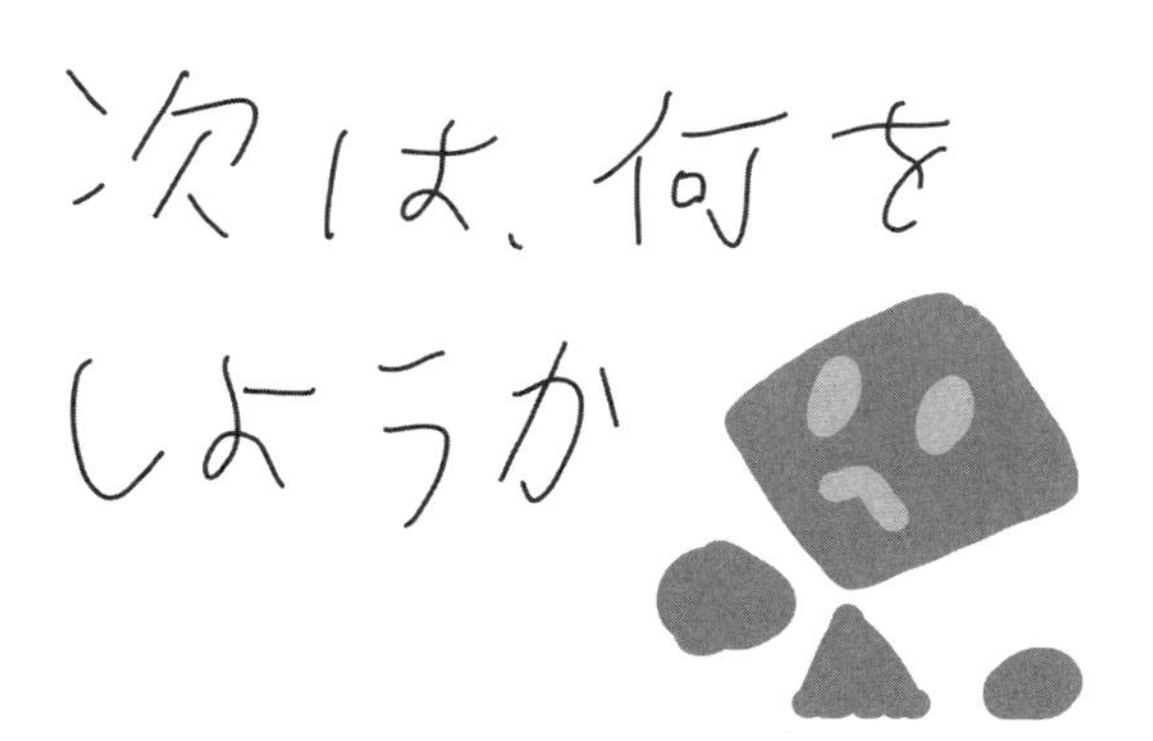

母

結婚について考えているのではないかと思います。

結婚の前に、恋愛、お付き合いということをどのように感じているのか、考えているのかというと、私から見てもよくわかりません。

侑生は兄の背中を生き方の見本としてきましたが、兄が就職してからはずっと離れて暮らしているので、兄の恋愛や結婚に至る過程を身近に感じないまま、結婚前の挨拶、結婚式へと進んだので、現実的な流れは取り込めなかったような気もします。

人を好きになる感情はとても素敵なことなので、人を好きになって、ドキドキしたりしてほしいとは思っています。侑生は、人との距離はわきまえています。そのため、「あの人いいんじゃない?」と言うと、真っ正直に捉えてしまって、「お母さんは、勝手に僕の気持ちを決めてしまう」と言って本気で怒ります。空気を読めず、そのまま受けとってしまうので、軽いノリの話はできません。ただし、結婚のことばかり考えているわけではないようです。侑生は、まだ行っていない場所への国内旅行や海外旅行にも行きたいね、と言っていますので、順に叶えていけたらよいなと思っています。(母)

おわりに

最後になりましたが、子どもの父親があまりに登場しないことを不思議に思われた方もいらっしゃるかと思いますので、それに関して、少し説明をさせていただきます。

私は、障害のある子どもの子育てを普通のこととしてやってきましたが、障害のある子どもを育てることには非常に困難があるのは間違いなく、できれば両親で取り組んでいくことが最良の形だとは思います。しかし、シングルであったり、家族が精神疾患を抱え、機能不全に陥っている場合など、脆弱な家族機能で障害のある子どもを支えなければならない方も少なくないと思います。私の場合もその類で、子どもの父親は、ＡＳＤの当事者であるため、子どもと遊ぶことはできても、子どものよりよい成長のために情報を集めることや動くこと、判断すること、相談を受けることなど、また、子どものことで悩み途方に暮れる私の想いを受け止めることなどはできず（他者の感情を慮り、日常生活と同時に統合して考えていくことができず）、一時期、私自身が子どもの障害のことで悩むというより、家族の機能不全に悩み、自分がカサンドラ症候群ではないかと思うほどのつらい時期がありました。そんなときに支えになったのは、困難があっても自分の人生を歩んでいこうと必死に努力を重ね続けている息子たちの姿でした。子どもが健全に育つこと、それだけに希望を託し、親のできることを精一杯するという毎日で、考え込むときは空を見上げて上を向き、前を向いて進んできました。その背景も含めて、私自身の人生です。そのようなことも私の体験となり役に立っています。現在、子育て支援や障害児者支援のなかで、私が一番大事にしていることは、家族を支え、親が親として機能するように応援することです。

最後になりましたが、出版に至るまでご尽力いただきました中央法規出版の尾崎幹也様、星野雪絵様、柴田尚樹様、そして、寄稿いただきました侑生の職場の法人理事長・岩田こども園園長の恒川元成様、侑生の恩師の沖田典子先生、端康宏先生、設計士の尾崎義孝様、相談支援事業所あかね荘センター長の鈴木巳浦様、専門的な知識で池田ファミリーを支えてくださった早川星朗先生にお礼申し上げます。そして、巻頭言を寄せてくださった長男の大学院の指導教員である青木聖久先生には、執筆作業で最後挫けそうな気持ちを支えていただき、感謝の思いでいっぱいです。

どうか、子どもたちのよりよい未来につながることを期待して本書を皆様に届けます。

２０２４年８月　池田信子

参考文献

●近藤直子・田倉さやか・日本福祉大学きょうだいの会編著『障害のある人とそのきょうだいの物語——青年期のホンネ』クリエイツかもがわ、2015年

●全国障害者とともに歩む兄弟姉妹の会東京支部編『きょうだいは親にはなれない…けれど——ともに生きる　PART2』ぶどう社、1996年

●白鳥めぐみ・諏方智広・本間尚史『きょうだい——障害のある家族との道のり』中央法規出版、2010年

●遠矢浩一編『障がいをもつこどもの「きょうだい」を支える——お母さん・お父さんのために』ナカニシヤ出版、2009年

●杉山登志郎『子ども虐待という第四の発達障害』学研、2007年

●杉山登志郎『子育てで一番大切なこと——愛着形成と発達障害』講談社、2018年

●早川星朗監修、発達障害の子どもと家族を支援する会・ほがらか編著『発達障害をもつわが子とともに——「ほがらか」親子からのメッセージ』かもがわ出版、2006年

●佐々木正美『はじまりは愛着から——人を信じ、自分を信じる子どもに』福音館書店、2017年

●佐々木正美『やすらぎ子育てアドバイス』三笠書房、2007年

●佐々木正美著、子育て協会編『子どもの心が見える本——再びエリクソンに学ぶ』子育て協会、2001年

●東京家庭教育研究所編『知っておきたい家庭教育』佼成出版社、2005年

●小栗正幸『発達障害児の思春期と二次障害予防のシナリオ』ぎょうせい、2010年

●齊藤万比古編著『発達障害が引き起こす二次障害へのケアとサポート』学習研究社、2009年

●宮尾益知『発達障害と人間関係——カサンドラ症候群にならないために』講談社、2021年

●中島輝『自己肯定感の教科書——何があっても「大丈夫。」と思えるようになる』SBクリエイティブ、2019年

●石川瞭子編著『セルフネグレクトと父親——虐待と自己放棄のはざまで』青弓社、2019年

●友田明美「虐待と脳の関連（後編）」『子育て支援と心理臨床』第13巻4月号、2017年

●友田明美『子どもの脳を傷つける親たち』NHK出版、2017年

●友田明美「児童虐待が脳に及ぼす影響——脳科学と子どもの発達、行動」『脳と発達』第43巻第5号、2011年

著者紹介

池田侑生　いけだ・ゆうき

岩田こども園用務員

平成3年8月5日生まれ。平成6年10月、名古屋みなみこども診療所で「自閉傾向のある発達遅滞」と診断される。

愛知県立半田養護学校（現・愛知県立大府もちのき特別支援学校）桃花校舎卒業後、障害者雇用で製紙会社の工場にて10年勤務する。就労移行支援事業所あいびっと豊橋を経て、令和3年3月1日より現職。

池田信子　いけだ・のぶこ

合同会社Spes代表社員

社会福祉士・公認心理師・保育士

昭和37年生まれ。社会福祉学修士。聖隷クリストファー大学大学院社会福祉学研究科博士後期課程在籍。聖隷クリストファー大学、常葉大学、豊橋創造大学短期大学部、人間環境大学、他専門学校の非常勤講師。桜丘高校スクールソーシャルワーカー。

幼稚園教諭、タウン誌編集者を経て結婚。平成16年、愛知県東三河地域で「発達障害の子どもと家族を支援する会『ほがらか』」を立ち上げ、事務局長を務める。現在は児童発達支援や親と子どもの健全育成事業を行っている。

自閉症の僕が家を建てた理由
家族で考えた自立のかたち

2024年9月30日　発行

著　者	池田侑生・池田信子
発行者	荘村明彦
発行所	中央法規出版株式会社 〒110-0016 東京都台東区台東3-29-1 中央法規ビル Tel 03-6387-3196 https://www.chuohoki.co.jp/
印刷・製本	長野印刷商工株式会社
装幀・本文デザイン	相馬敬徳（Rafters）
装幀・口絵写真	小ノ川カメラ

定価はカバーに表示してあります。
ISBN978-4-8243-0128-4

A128